Rachel Heuberger / Regina Schneider

Koscher kochen

36 Klassiker der jüdischen Küche
und ihre Varianten

Mit Illustrationen von Martina Fosshag

Eichborn.

Die Deutsche Bibliothek – CIP-Einheitsaufnahme

Heuberger, Rachel : 36 Klassiker der jüdischen Küche und ihre
Varianten / Rachel Heuberger ; Regina Schneider. – Frankfurt am
Main : Eichborn, 1999
    ISBN 3-8218-0678-8

© Eichborn GmbH & Co. Verlag KG, Frankfurt am Main, August 1999
Umschlagillustration: Martina Fosshag
Lektorat: Palma Müller-Scherf
Gesamtherstellung: Fuldaer Verlagsanstalt, Fulda
ISBN 3-8218-0678-8

Verlagsverzeichnis schickt gern:
Eichborn Verlag, Kaiserstraße 66, D-60329 Frankfurt am Main
www.eichborn.de

Jüdische Erfindungen
Über das Essen der alten Hebräer könnte ich weitläufig mich aussprechen und bis auf die jüdische Küche der neuesten Zeit herabgehen ... ich könnte auch anführen, wie human sich viele Berliner Gelehrte über das Essen der Juden geäußert, ich käme dann auf die anderen Vorzüglichkeiten und Vortrefflichkeiten der Juden, auf die Erfindungen, die man ihnen verdankt ...

(Heinrich Heine, Jüdische Erfindungen, Brief an M. Moser, 18.12.1825)

Für Johanna und Lala, Mikusch und Jonathan

Grußwort

In den letzten Jahren besteht ein zunehmendes Interesse am Judentum. Mehr und mehr Nichtjuden möchten erfahren, wie sich jüdische Identität bildet und tradiert. Was die Feiertage bedeuten und wie sie begangen werden, mit welchen kulinarischen Spezialitäten sie verbunden sind und was die einzelnen Gebräuche eigentlich bedeuten – all dies gehört zur jüdischen Kultur und ist für Außenstehende nur schwer zugänglich.

Mit der Vertreibung und der Ermordung der Juden in Deutschland ist auch die Kenntnis ihrer Alltagskultur zerstört worden. Heute leben wieder Juden in Deutschland, aber ihre Traditionen und Gebräuche sind noch nicht im Wissen der Allgemeinheit verankert. Die Speisegesetze und Eßgewohnheiten der jüdischen Küche sind deshalb in Deutschland gänzlich unbekannt.

Auch für Juden ist es schwer, ihre eigenen kulturellen Wurzeln zu erforschen. Die Schoa hat die natürliche Weitergabe von Tradition unterbrochen, die eigenen Gebräuche müssen wieder erlernt werden. Die Überlebenden können ihren Kindern ihr eigenes Zuhause nur bruchstückhaft schildern und vermitteln primär vor allem Erinnerungen an heimische Speisen und Rezepte.

Die jüdische Küche beinhaltet eine äußerst reichhaltige Kost. Traditionelle europäische Gerichte wie Tscholent, Gefillte Fisch und Gehackte Leber gehören ebenso dazu wie die Klassiker der sephardischen Küche Couscous, Chummus, Techina und Kube. Das jüdische Speisegesetz mit seinen zahlreichen Bestimmungen lehrt den bewußten Umgang mit Nahrungsmitteln und leistet damit wertvolle Impulse für die heutige Eßkultur.

Dieses Buch bietet einen leicht lesbaren Zugang zur jüdischen Kultur und schließt damit eine entscheidende Wissenslücke der jüdischen Lebensweise. Es trägt zum Dialog bei und bereichert das kulturelle Leben. Kochen Sie gemeinsam danach, es wird Ihnen Spaß machen und schmecken.

Guten Appetit wünscht Ihnen

Ida Bubis

Inhalt

Ißt Deutschland wieder koscher?

Die jüdische Küche ist eine der interessantesten und abwechslungsreichsten der Welt. Ihre Wurzeln reichen über 2000 Jahre zurück. Ihren kulinarischen Reichtum und ihre spezifischen Besonderheiten verdankt sie dem Einfluß der »Kaschrut«, der jüdischen Speisevorschrift. Die Kaschrutregeln stammen sowohl aus der Bibel als auch aus dem Talmud und beeinflussen bis heute den täglichen Speisezettel der koscheren Küche. Durch Festlegung auf bestimmte Speisen – nicht alle Tiere sind erlaubt –, und der besonderen Komposition der Gerichte – milchige und fleischige Speisen werden getrennt gegessen –, blieb ihr Charakter über Jahrhunderte hinweg erhalten. Eine rationale Begründung für die Speisegesetze gibt es nicht. Für fromme Juden religiöses Gebot haben die Vorschriften eine ethische Dimension: Sie disziplinieren zum bewußten Umgang mit Natur und Umwelt. Die Regeln der Kaschrut respektieren, heißt reflektieren und auswählen, kurz, über den Speisezettel nachdenken und im Überangebot von Lebensmitteln bewußt entscheiden.

Wo immer sich Juden ansiedelten, übernahmen sie kulinarische Traditionen und paßten diese erfinderisch den Regeln der Kaschrut an. So bereicherten sie die Landesküchen mit neuen Zutaten und kreierten neue Variationen.

Durch die weltweite Verbreitung der Juden und ihrer Gerichte ist die koschere Küche ihrem Wesen nach vielfältig und im Kochstil flexibel. Sie ist im besten Sinne multikulturell. Viele der deftigen Klassiker aschkenasischer Küche, aromatische Gerichte der Sefardim und moderne Tafelfreuden Israels haben sich unter der Hand zu kultigem Fastfood entwickelt: Chickensoup, Bagels, Brownies, Falafel und Pita sind heute Leckerbissen eines kosmopolitischen Lebensstils.

Der dynamische jüdische Kulturaustausch hat auch die deutsche Küche beeinflußt: Die traditionellen Rezepte der Aschkenasim reichen zurück bis ins Mittelalter und wurden in Deutschland bis zur Eliminierung jüdischer Kultur auch von Nicht-Juden gepflegt und geschätzt. Die Tradition der jüdischen Küche ist in Deutschland heute praktisch unbekannt, die Kenntnis jüdischer Alltagskultur verschüttet.

Auf der Reise durch die Kulturgeschichte der modernen jüdischen Küche trifft man hingegen auf alte Bekannte: Klassiker der deutschen »Arme-Leute-Küche« wie Hühnersuppe, Gefüllter Gänsehals, Heringssalat und Borscht, zählen zu den Ikonen jüdischer Kochtradition.

Nach traditionellen und modernen Koscher-Rezepten zu kochen, ist in Deutschland wieder möglich. Die dafür notwendigen Produkte lassen sich im Supermarkt um die Ecke kaufen. Es gibt Früchte und Gemüse aus Israel, Mazze,

Pita, Bagels und wer Glück hat, kennt einen koscheren Metzger in der Nähe, der beste Fleisch- und Geflügelqualitäten führt.

Wer sich nicht an die koscheren Speisegesetze halten muß oder will, findet Anregung für eine abwechslungsreiche und in der Regel vollwertige Küche, die schmeckt und gleichzeitig den Geldbeutel schont: von klassischen Suppenspezialitäten, Fisch-, Gemüse- und Fleischgerichten bis zu Nudelfavoriten, selbstgebackenem Weißbrot und leckeren Desserts aschkenasischer, sefardischer und moderner israelischer Küchentradition.

Erlaubt ist, was schmeckt, nur »koscher« muß es sein.

Was ist koscher?

Kaschrut, der Sammelbegriff der jüdischen Speisegesetze, bezeichnet alle Regeln und Gebote, die strenggläubige Juden bei Auswahl, Zubereitung und Verzehr von Lebensmitteln einhalten. Koscher bedeutet in diesem Zusammenhang »rein« im Sinne der Speisegesetze. Verbotene Speisen dagegen sind »trefe«.

Die in den Fünf Büchern Mose festgehaltenen Regeln haben für orthodoxe Juden unbegrenzte und unabdingbare Geltung. Die rabbinischen Gelehrten haben im Talmud, dem umfassenden Gesetzeskompendium, den Speisekodex festgelegt und über Jahrhunderte interpretiert, kommentiert und in Praxisregeln umgesetzt.

Der »Schulchan Aruch«, der aus dem 16. Jahrhundert stammt, ist für strenggläubige Juden in aller Welt bis heute das Standardwerk talmudischer Gesetzesvorschriften. Bis zur Moderne hatte die Kaschrut allgemeinverbindlichen Charakter. Doch seit dem Fall der mittelalterlichen Ghettomauern, dem Beginn der Emanzipation und der Verbreitung der Aufklärung – der Haskala – unter aschkenasischen Juden, lockerte sich die religiöse Observanz. Die jüdische Reformbewegung, die in Deutschland im 19. Jahrhundert entstand, lehnte die Speiseregeln als historisch überkommene Rituale ab, während sie in orientalischen Ländern bis zum Beginn des 20. Jahrhunderts streng eingehalten wurden.

Die Speisevorschriften basieren auf der absoluten Trennung von Fleisch und Milch und legen fest, welche Tiere koscher, d.h. zum Verzehr geeignet sind, und wie sie zubereitet werden müssen.

FLEISCH UND GEFLÜGEL

Säugetiere gelten als koscher, wenn sie sowohl Wiederkäuer sind, als auch gespaltene Hufe haben (5 Mose 14:6). Ausdrücklich erlaubt sind in diesem Sinn Rinder, Schafe, Ziegen, Hochwild und Büffelochsen. Auf dem Index stehen

Kaninchen, Hasen, Schweine, Pferde, Hunde, Katzen, Fleisch von Kamel und Walfisch. Für Geflügel gibt es keine festgelegten Charakteristiken. Verboten ist das Verspeisen von Raubvögeln wie Adler und Falke, Nachtvögeln wie Fledermaus und Eule, von Wasservögeln sowie Pelikan, Storch und Strauß.

Gänse, Enten, Hühner, Truthähne, Fasane, Rebhühner, Wachteln und Tauben werden als koscher betrachtet. Alle Eier koscheren Geflügels mit Ausnahme der befruchteten, sind koscher.

FISCHE UND MEERESTIERE

Für den Verzehr von Fischen gelten überschaubare Regelungen: Koschere Fische müssen sowohl Schuppen als auch Flossen haben (3 Mose 11:9-12 und 5 Mose 14:9-10). Dazu zählen Barsch, Dorade, Forelle, Hecht, Hering, Sardine, Scholle, Thunfisch und viele mehr. Aal, Stör, Tintenfisch oder Hai stehen auf dem Index, darüber hinaus Meeres- und Schalentiere wie Muscheln, Krabben, Hummer und Langusten und alle Arten von Reptilien und Amphibien.

NEUTRALE SPEISEN

Alles, was wächst, ist koscher. Obst und Gemüse sind ebenso wie Fische und Eier »parve«, das heißt neutral. Sie können wie alle Produkte aus diesen Nahrungsmitteln, zum Beispiel Pflanzenöl, sowohl mit fleischigen wie mit milchigen Zutaten und Gerichten vermischt und verspeist werden.

RITUELLES SCHÄCHTEN

Fleisch und Geflügel muß vor dem Zubereiten geschächtet, d.h. rituell geschlachtet werden. Der Schächter (Schochet) prüft die Tiere auf ihre Gesundheit und läßt sie ausbluten, nachdem die Kehle mit einem Schnitt durchtrennt und dem Tier damit der geringste Schmerz zugefügt wurde. Fleisch von Tieren, die nicht geschächtet wurden, darf nicht verzehrt werden. Wild, das zwar zu den koscheren Tierarten gehört, fehlt aus diesem Grund auf dem koscheren Speisezettel.

Von geschächteten Tieren, mit Ausnahme von Geflügel, darf nicht alles verzehrt werden. Adern, Sehnen, Fetteile und Nerven sind tabu. Weil das Heraustrennen oft schwierig ist, werden in der Regel nur die Vorderhälften der Tiere verwendet. So stammt z.B. die berühmte geräucherte »Pastrami« von der Kalbs- oder Rinderbrust.

Blut in jeder Form darf in der koscheren Küche nicht verwendet werden. Fleisch und Geflügel werden aus diesem Grund nach dem Schächten gekaschert: gewässert, eingesalzen und abgespült.

Innereien werden vor dem Einsalzen von allen Adern befreit. Leber, auch Geflügelleber, ist besonders blutreich. Aus diesem Grund muß sie nach dem Einsalzen zusätzlich über offener Flamme geröstet, d.h. gekaschert werden, wobei zwischen Schächtung und Kaschern nicht mehr als 72 Stunden liegen dürfen. Die komplizierten Vorbereitungen übernimmt heute meist bereits der koschere Metzger, so daß Fleisch, Geflügel und Leber zu Hause direkt zubereitet werden können. Das gilt auch für tiefgefrorenes Fleisch.

Trennung von Fleisch und Milch

Das Gebot der Trennung von Fleisch- und Milchspeisen gilt sowohl für den Genuß als auch für ihre Zubereitung. Aus dem biblischen Verbot »Koche nicht ein Böcklein in der Milch seiner Mutter« (2 Mose 23:19) formulierten die Rabbiner eine dreifache Handlungsanweisung: Milch und Fleisch darf weder zusammen gekocht noch zusammen gegessen werden. Auch darf aus der Mischung von Fleisch und Milch kein Profit gezogen werden, z. B. darf ein Mischprodukt nicht verkauft oder an ein Haustier verfüttert werden. In der Praxis erfordert die strikte Trennung von Fleisch- und Milchprodukten in koscheren Haushalten zweierlei Küchensets: Töpfe, Pfannen, Geschirr, Besteck, Kochutensilien und Tischdecken müssen doppelt vorhanden sein, Geschirr muß getrennt gereinigt, Vorräte müssen getrennt aufbewahrt werden. Nach dem Fleischverzehr muß einige Stunden gewartet werden, je nach rabbinischer Auslegung drei oder sechs Stunden. Nach dem Genuß von Milchspeisen sollte der Mund gespült und ein Stück Brot verzehrt werden, bevor Fleischiges gegessen wird.

Milchiges

Nur Milch und Milchprodukte von zugelassenen Tieren sind koscher. Strenggläubige Gruppen wie die Lubavitscher Chassidim nehmen nur »Chalav Yisrael«, also Milch und Milchprodukte, die unter Überwachung eines »Maschgiach« ,eines Aufsehers, hergestellt wurden, um sicherzugehen, daß keine fremden Zusätze und keine Milch unreiner Tiere, wie zum Beispiel von Pferden, zugesetzt wurden.

Heutzutage übernehmen staatliche Stellen die Kontrolle der Milchproduktion, so daß rabbinische Autoritäten den Konsum der im Handel erhältlichen Produkte, wie Milch, Sauermilch, Butter, Joghurt, Sahne, Frischkäse und Quark, gestatten. In Deutschland wird zwar Pferdemilch verarbeitet, allerdings nur in speziellen Molkereien und nicht in Verbindung mit Kuhmilch. Problematisch sind unter diesem Gesichtspunkt zum Beispiel Fruchtjoghurts, die in der Regel tierische Gelatine enthalten und damit nicht koscher sind. Hart- und Schmelzkäse enthalten ebenfalls oft tierisches Laab, werden aber zunehmend mit Laab-Ersatzprodukten und damit rein vegetarischen Zusätzen hergestellt.

Pessach-Vorschriften

Für das achttägige Pessachfest gelten besondere Bestimmungen. An diesen Tagen sind alle gesäuerten Speisen – »Chametz« – nicht erlaubt. Dazu gehören Nahrungsmittel, die aus Getreide, Sauerteig oder mit Hefe getriebenem Teig zubereitet wurden. Praktisch wird an Pessach auf Brot in seiner konventionellen Form, Teigwaren und flüssige Getreideprodukte wie Bier, Whisky und Wodka verzichtet. Ungesäuertes Brot wie Mazze, ebenso Mazze- oder Kartoffelmehl können an diesen Feiertagen verspeist werden. In der aschkenasischen Küchentradition wird darüber hinaus auf Hülsenfrüchte wie Reis, Mais, Erbsen, Bohnen und Sojaprodukte verzichtet. Die Wohnung muß frei sein von »Chametz« und die Festtagstafel schmückt besonderes Geschirr.

Zum Einhalten der Kaschrut dient in Deutschland die im Auftrag der Deutschen Rabbinerkonferenz erstellte Koscher-Liste, in der alle koscheren Produkte mit Herstellernamen und Bezugsadressen gesammelt wurden.

Letztlich jedoch – und auch das ist lebendige jüdische Gesetzesauslegung – machen sich heute viele ihre eigenen Koscher-Regeln: Ob immer und überall, ob nur zu Hause, unter Verzicht auf Schweinefleisch, oder vegetarisch im Restaurant – im Alltag ißt jeder koscher nach eigenem Ermessen.

Hinweis: Die Rezepte sind stets für 4 Personen berechnet.

FISCH

געפילטע פיש

Gefillte Fisch

Zu den bekanntesten jüdischen Spezialitäten gehört der »Gefillte Fisch«, wörtlich »Gefüllter Fisch«. Die Fischdelikatesse wird aus unterschiedlichen Fischen hergestellt, die enthäutet, entgrätet, zerkleinert und gewürzt zu einer Fischfarce vermengt werden. Ursprünglich wurde diese Füllung in eine ausgehöhlte Fischhaut eingenäht – daher der Name des Gerichtes – und bei niedriger Temperatur gegart. Heute wird die Fischfarce meist zu Bällchen geformt, in Fischsud gekocht und auf Scheiben von Karpfen serviert. Füllung und Gericht tragen denselben Namen.

Traditionell wird »Gefillte Fisch« am Schabbat und an den hohen jüdischen Feiertagen verspeist. Bereits im Talmud wurde die Fischmahlzeit am Schabbat von den Gelehrten als verdienstvoll eingestuft. »Gefillte Fisch« bot sich als Schabbatessen aus verschiedenen Gründen an: Es wirkte festlich und raffiniert in seiner Zubereitung, gleichzeitig war es auch für arme Leute ein erschwinglicher Festtagsschmaus, der sich mit allerhand Zutaten strecken ließ. So zum Beispiel mit zerriebener Mazze, den Semmelbröseln der jüdischen Küche.

Das früheste Rezept stammt nachweislich aus Würzburg um 1350. Damals nannte sich das Gericht »Gefeulten Hechden«, mit anderen Worten »Gefüllter Hecht«. Bei ihrer Ansiedlung in Osteuropa brachten die Juden das Rezept mit, wobei in Polen, Litauen und der Ukraine Hechte durch Karpfen ersetzt wurden. Die jüdischen Gutsverwalter in Polen, die über die Fischteiche ihrer Herren wachten, wirkten nachhaltig bei der Aufzucht dieser Schabbat-Karpfen mit. Jüdische Händler auf dem Balkan, in Osteuropa und der Türkei wiederum vertrieben den Karpfen über die Grenzen hinaus. Der »Gefillte Fisch« wurde rasch zum Synonym für das ostjüdische Traditionsgericht, das es bis heute geblieben ist. In Amerika ist das kalte Fischgericht die bekannteste und beliebteste jüdische Vorspeise.

Das an Eiweiß und Kohlehydraten reiche Gericht wird in den verschiedenen Regionen Osteuropas sehr unterschiedlich zubereitet. In Polen wird »Gefillte Fisch« süß gegessen. Aus diesem Grund heißt der süße Karpfen außerhalb Polens »Polnischer Fisch«, während er in Polen als »Jüdischer Fisch« auf den Speisekarten erstklassiger Restaurants zu finden ist. Die russische und litauische Küchentradition hingegen würzt den Klassiker ordentlich, vorzugsweise mit viel Pfeffer.

In Deutschland war der »Braune Karpfen« als traditionelle Variante sehr verbreitet. Dazu wurde brauner Kuchen oder in Rotwein getränkter Lebkuchen für den Fischsud verwendet und Zwiebeln, weiße Wurzeln und Essig beigemischt. So steht es in einem Rezept des »Küchenalbums«, einem Kochbuch für »bürgerliche Hausstände« von 1853.

»Gefillte Fisch« wird grundsätzlich am Vortag zubereitet, da das Religionsgesetz Kochen am Schabbat verbietet.

An hohen Feiertagen, wie Rosch Haschana, Jom Kippur, am Laubhüttenfest und am Sederabend des Pessachfestes ist »Gefillte Fisch« als Vorspeise ein »Muß« für aschkenasische Juden. In der Küche der Sefarden ist das Karpfengericht allerdings gänzlich unbekannt.

Als mich einst der Zufall um die Mittagszeit in diese Straße (die Judengasse) führte und aus den Küchen der Juden mir die wohlbekannten Düfte in die Nase stiegen: Da erfaßte mich jene Sehnsucht, die unsere Väter empfanden, als sie zurückdachten an die Fleischtöpfe Ägyptens; wohlschmeckende Jugenderinnerungen stiegen in mir auf; ich sah wieder im Geiste die Karpfen mit brauner Rosinensauce, die meine Tante für den Freitagabend so erbaulich zubereiten wußte;...

(Heinrich Heine, Der Rabbi von Bacherach)

GEFILLTE FISCH NACH POLNISCHER ART
GEFÜLLTE KARPFENSCHEIBEN

1 Karpfen von ca. 1,5–1,8 kg
6 große Zwiebeln, ganz
2 große Karotten, in Scheiben geschnitten
50 g Rosinen
50 g ganze Mandeln, geschält
250–300 g Zucker
Pfeffer
Salz

Den Karpfen vom Fischhändler in daumendicke Scheiben schneiden lassen. Von einem Karpfen von 1,5 kg erhält man 7 Scheiben und den Kopf. Die Fischstücke am Vorabend mit wenig Zucker, Pfeffer und Salz einreiben und über Nacht ziehen lassen. Karpfenscheiben, geschälte Zwiebeln und Karottenstücke in einer mit kaltem Wasser gefüllten Kasserolle zum Kochen bringen. Rosinen und Mandeln hinzufügen und 1¼ bis 1½ Stunden auf ganz kleiner Flamme köcheln. Nach und nach Salz, Pfeffer und den restlichen Zucker hinzufügen, bis die Fischbrühe süß und scharf schmeckt.

Zutaten für die Fischbällchen:
1 Pfund Süßwasserfisch, vorzugsweise Zander- oder Hechtfilets
1 hartgekochtes Ei
1 rohes Ei
1 große Zwiebel
200–250 g gemahlene Mandeln
1/2 TL Pfeffer

1/2 TL Salz
150 g Zucker
Mazzemehl, falls erforderlich

Für die Brühe:
2 große Karotten und 2 Zwiebeln

Zander- oder Hechtfilets in Stücke schneiden und zusammen mit dem gekochten Ei und den Zwiebeln im Mixer nach und nach pürieren und in eine große Schüssel geben. Das rohe Ei und die gemahlenen Mandeln dazugeben und alles zu einer homogenen Farce vermengen. Mit Salz und Zucker abschmecken. Falls die Masse zu sehr klebt, etwas Mazzemehl oder Semmelbrösel untermischen, bis sie sich zu kleinen Bällchen formen läßt. In einer zweiten Kasserolle Wasser mit den Karottenscheiben und geschälten Zwiebeln zum Kochen bringen. Die Bällchen ins kochende Wasser geben und ca. 30 Minuten auf kleinster Flamme ziehen lassen. Danach vorsichtig aus dem Wasser heben und als Füllung auf die Karpfenstücke in der ersten Kasserolle legen. 10 weitere Minuten zusammen ziehen lassen. In der Fischbrühe abkühlen lassen, danach vorsichtig auf einer Platte anrichten und im Kühlschrank kalt stellen. Die Fischbrühe des Karpfens im Kühlschrank erkalten lassen, bis sie geliert. Für »Gefillte Fisch« werden die Karpfenstücke mit Füllung, gelierter Soße und traditionell mit Krein und Challa angerichtet.

חריין

Krein

Krein oder Krejn ist eine Meerrettichsoße, die mit Roter Bete angerichtet wird. Krein ist fester Bestandteil des »Gefillte Fisch«-Gerichtes. Das Jiddische »Krejn« gleicht dem süddeutschen »Kren« und bedeutet Meerrettich. Das Wort stammt aller Wahrscheinlichkeit nach aus dem Tschechischen. Im 16. Jahrhundert war die Meerrettichsoße sowohl in Deutschland als auch in Rußland und Polen eine weitverbreitete, pikante Beilage und wurde zu Fisch und Fleisch gereicht.

Eine wichtige Rolle spielt Meerrettich beim traditionellen Sederabend, mit dem das Pessachfest beginnt. In der Pessach-Haggadah sind die traditionellen Gebete, Geschichten und rituellen Handlungen des Sederabends festgehalten. Mit dem Pessachfest feiern die Juden ihren Auszug aus Ägypten und die Entstehung des jüdischen Volkes. Gemeinsam wird die Haggadah am Sederabend vor und nach dem Festessen gelesen, wobei der Text abwechselnd laut vorgetragen wird. Dazu gehört auch, daß in Erinnerung an die Versklavung der Juden in Ägypten, bittere Kräuter und Meerrettich verspeist werden. Die Meerrettichwurzel wird roh gerieben und in möglichst naturbelassener, d.h. scharfer Form zu sich genommen.

Das Besondere an der Beilage zu »Gefillte Fisch« ist die Mischung von Meerrettich mit Roter Bete. Diese verleiht der Soße die charakteristische rote Farbe und mildert gleichzeitig ein wenig die Schärfe des Meerrettichs ab. Krein gehört zum »Gefillte Fisch« einfach dazu. Sein scharfer, pikanter Geschmack und der prickelnde Geruch bilden eine kulinarische Balance zu süßen und milden Gerichten wie »Gefillter Fisch«, gekochtem Rindfleisch oder Huhn. Lange vor der Erfindung von Ketchup diente Krein als Verfeinerung der Speisen bei Tisch.

Men wet ihm geben fisch uhn chreju

Gefillte Fisch ohne Kreyn ist schon Bestrafung genug.
Mit anderen Worten: Er wird eine empfindliche Strafe erhalten.

Jiddisches Sprichwort

»Wenn du ein braver Junge bist, hilfst du uns Meerrettich reiben, bis wir mit dem Fisch für das heilige Fest fertig werden.«

So spricht zu mir die Mutter am Tage vor Schwues (Schawuot), um die
Mittagsstunde. Sie und die Köchin schuppten Fische für das »milchige«
Festessen, frische, noch lebende Fische! Als man sie in die große mit Was-
ser gefüllte irdene Schüssel legte, zappelten sie noch ...
Und Mutter wirft auf mich einen schnellen Blick und beginnt zu lachen:
»Beißt dir der Meerrettich die Augen? An alles muß Mutter denken! Was
das für ein scharfer Meerrettich ist! Ich vergaß dir zu sagen, daß du die
Augen zuhalten sollst. Hier ist meine Schürze ...Wisch dir die Augen ab,
du dummer Junge, und schneuze dir auch gleich die Nase ...Die Nase, die
Nase!«

(Scholem Alejchem, Quäle nie ein Tier)

KREIN
GERIEBENER MEERRETTICH MIT ROTER BETE

1 Meerrettichwurzel
2 Knollen Rote Bete, gekocht
Salz
Pfeffer
Zucker oder Süßstoff nach Geschmack

Die Meerrettichwurzel waschen, schälen und reiben. Achtung, hierbei laufen
schnell die Tränen! Die gekochte Rote Bete fein raspeln. Eventuell nochmals im
Mixer oder mit einem Pürierstab zerkleinern und unter den geriebenen Meerrettich mischen. Mit Salz, Pfeffer und Zucker oder Süßstoff abschmecken.

Tip: Die Schärfe des Kreins läßt sich durch die Verwendung von roher Roter
Bete noch steigern.

געהקטע   הערינג

Gehackter Hering

Gehackter Hering oder Heringssalat ist ein altes polnisches Gericht. Salzhering diente in den ärmeren jüdischen Gemeinden in Polen, Ungarn, Böhmen, Mähren, der Slowakei und anderen osteuropäischen Ländern an hohen Feiertagen als Ersatz für teuren Speisefisch. Im Gegensatz zu Karpfen oder Hecht waren Salzheringe die billigsten Fische im europäischen Binnenhandel. Einen Salzhering konnte sich jeder leisten. Um das wertvolle Grundnahrungsmittel zu strecken wurde »Gehackter Hering« zum Beispiel häufig noch durch die Zugabe geriebener Äpfel oder Brotkrumen verlängert. Nach dem Fastenbrechen an Jom Kippur wurde traditionell Hering gegessen, um den Salzhaushalt des Körpers wieder auszugleichen. Aus dem preiswerten Salzhering entstand eine ganze Reihe altpolnischer Küchenklassiker, die, wie die meisten Fischgerichte ostjüdischer Küchentradition, kalt genossen werden und folglich bereits am Vortag vorbereitet werden können. Zum »Arme-Leute-Essen« gehörte neben »Gehackter Hering« auch »Marinierter Salzhering« und natürlich der von deutschen Juden als Delikatesse geschätzte »Heringssalat«. Besonders beliebt war das Marinieren der Heringe, weil damit der Fisch nicht nur sehr schmackhaft, sondern auch gleich für Wochen haltbar gemacht werden konnte. Hering, der bekannteste aller Seefische, ist heute nicht mehr ganz so preiswert wie damals. Er wird aufgrund der Überfischung der Nord- und Ostsee bereits als Delikatesse gehandelt. Salzheringe werden aus grünem (frischem) Hering hergestellt und sollten vor der Verwendung mindestens 4 Stunden gewässert werden. Zu den schmackhaftesten Salzheringen zählt Matjes; dieser im Mai/Juni gefangene Hering wird in Deutschland als Spezialität geschätzt. Die jungen Heringe sind besonders eiweißreich, ohne Milch und Rogen, dafür jedoch wohlgenährt mit Frühjahrsplankton und zum sofortigen Verzehr bestimmt. Die köstlichsten Zubereitungsformen sind »Gehackter Hering« und »Hering in Sauerrahm«.

Zun-a hering bedarf men kejn salz, un zu griwen kejn schmalz.

Heringe sind schon salzig genug, wie Grieben bereits fett genug sind. Mit anderen Worten: eine Sache ist offensichtlich und bedarf keiner weiteren Erklärung.

Jiddisches Sprichwort

GEHACKTER HERING
HERINGSSALAT

4 Filets vom Salzhering
1 mittelgroße Zwiebel
2 säuerliche Äpfel
2 hartgekochte Eier
1 TL Zucker
2 TL Öl
etwas Essig

Die Salzheringsfilets über Nacht in Wasser legen und vor der Zubereitung
abgießen. Die Filets mit Küchenkrepp trockentupfen und mit einem Messer sehr
fein zerhacken und in eine Schüssel geben. Äpfel, Zwiebel und Eier schälen und
ebenfalls kleinhacken. Zu den gehackten Heringen geben. Essig, Öl und Zucker
rasch zu einer Soße mischen und über den Salat geben. Nach Belieben mit
schwarzem Pfeffer und etwas Zitronensaft abschmecken. Zu Heringssalat
schmeckt am besten Schwarzbrot.

Tip: Die Heringsfilets lassen sich auch nach und nach im Mixer zerkleinern. Nur
darf die Masse nicht cremig werden!

VARIANTE: HERING IN SAUERRAHM

8 Matjesfilets
200 ml Crème fraîche
2 EL Zucker
2 EL Obstessig
1 mittelgroße Zwiebel

Die Matjesfilets unter fließendem kaltem Wasser säubern und mit Küchenkrepp trockentupfen. Die einzelnen Filets jeweils in 5–6 Stücke schneiden. Sauerrahm oder Crème fraîche in eine Schüssel geben und mit Zucker und Essig gut vermischen. Die Heringsfiletstücke in eine Glasschüssel geben. Die geschälte und kleingehackte Zwiebel dazugeben und die Sauerrahmsauce darübergießen. Gut vermischen und zugedeckt einige Stunden im Kühlschrank ziehen lassen.

Tip: Die Heringe halten sich bis zu 10 Tagen im Kühlschrank frisch.

VARIANTE: HERINGSSALAT MIT ÄPFELN

8 Matjesfilets
1 rote Zwiebel
4 Äpfel (Boskop oder Granny Smith)
^{1}/₂EL Zitronensaft
^{1}/₂ EL Zimt
2 TL Zucker
250 ml Sauerrahm oder Schmand
frisch gemahlener schwarzer Pfeffer
frische Dillzweige zum Garnieren

Die Matjesfilets unter fließendem Wasser säubern und mit Küchenkrepp trockentupfen. Die Filets in mundgerechte Happen schneiden und in eine große Schüssel geben. Zwiebeln schälen, fein hacken und dazugeben. Äpfel schälen, Kerngehäuse entfernen, in kleine Würfel schneiden und ebenfalls zu den Matjesfilets geben. Zitronensaft, Zimt, Zucker und Sauerrahm oder Schmand darübergeben und kräftig mischen. Mit frisch gemahlenem schwarzem Pfeffer würzen. Die Soße über Heringe, Äpfel und Zwiebeln geben und gut vermischen. Die Schüssel mit Klarsichtfolie abdecken und am besten über Nacht im Kühlschrank durchziehen lassen. Vor dem Servieren mit Dillzweigen garnieren.

Fische und andere Meerestiere

In der jüdischen Tradition kommt Fisch eine besondere Bedeutung zu. Bereits während der Wüstenwanderung nach dem Auszug aus Ägypten trauerten die Juden den Fischen nach, die sie in Ägypten zu essen bekommen hatten. »Wir erinnern uns der Fische, die wir umsonst aßen in Mizrajim (Ägypten), der Gurken, und der Melonen und des Lauches und der Zwiebeln und des Knoblauchs. Und nun lechzet unsere Seele, – nichts ist da; nur auf das Man sind unsere Augen (gerichtet)« (4 Mose 11:5-6).

Die Aschkenasim machten Hering und Karpfen, die preiswerten Fische ihrer Heimat, zu den Königen ihrer Festtagstafel. In Form von »Gefillte Fisch« und »Gehackter Hering« gehören sie zu den unsterblichen Klassikern der jüdischen Küche in aller Welt. Sefardische Juden ziehen bis heute Meeresfische vor, die sie am liebsten gegrillt, gedünstet oder in Olivenöl gebraten, verzehren. Fische, wie andere Tiere auch, dürfen nie ohne Grund getötet werden, sondern dienen einzig und allein der Ernährung. Fische fallen ebenfalls unter die Kaschrut-Regeln, sie müssen sowohl Flossen als auch Schuppen haben. Koschere Fische sind parve. Ein unschätzbarer Vorteil für bewußte Schlemmer, denn als neutrale Speise können sie sowohl zu fleischigen wie zu milchigen Mahlzeiten gegessen werden. Zu den »erlaubten« Fischsorten zählen viele besonders schmackhafte Sorten wie: Äsche, Barbe, Barsch, Brachsen, Butt (außer Steinbutt), Dorade, Dorsch, Egli, Felchen, Flunder, Forelle, Hecht, Heilbutt, Hering, Kabeljau, Karpfen, Lachs, Makrele, Wittling, Meeräsche, Rotzunge, Sardelle, Sardine, Schleie, Scholle, Seehecht, Seeseibling, Seezunge, Sprotte, Stockfisch, Thunfisch und Weißfisch. Echter Kaviar, die Fisch-Delikatesse schlechthin, fehlt auf einem koscheren Fischbuffet, denn von nicht-koscheren Fischen darf auch keines ihrer Teile verzehrt werden. Und der Stör zählt nun mal zu den nicht-koscheren Fischen.

Früher, als nur Fische aus den heimischen Gewässern auf den Markt kamen, war die Auswahl an koscheren Fischen beschränkt. Durch den weltweiten Handel und die heutigen Transportmöglichkeiten verfügt die koschere Fischtafel inzwischen über eine riesige Auswahl an delikaten Fischen und unterschiedlichen Zubereitungen. Moderne Konservierungsmethoden machen Fischkonserven zum idealen Reiseproviant orthodoxer Juden. Fisch ergänzt den Speiseplan und ersetzt das Fleisch. Dosen-Sardinen kann man einfach im Supermarkt kaufen, ohne über den »hechscher« – das rabbinische Zertifikat – nachzudenken.

In eigenem Saft, reinem Oliven- oder Pflanzenöl eingelegt, ist die Konserve koscher. Schwieriger wird die Sache bei Thunfisch oder geräuchertem Lachs. Orthodoxe Kreise bestehen auf eine Herstellung unter rabbinischer Aufsicht, um Fälschungen vorzubeugen. Die Deutsche Rabbinerkonferenz hat jedoch festgelegt, daß diese Fischkonserven verzehrt werden dürfen. Problematisch bleibt koscherer Fisch mit Tunke, da die Soße in der Regel unerlaubte Zutaten wie Gelatine oder Sahne enthalten könnte. Aber darauf ist aus kulinarischen Gründen im Zweifelsfall auch zu verzichten.

Frischen Fisch in Israel zu essen ist jedoch eine Reise wert. Exquisite Fischrestaurants tragen so zum Ruf mancher Orte bei. »Old Jaffa«, die Altstadt von Jaffo vor den Toren Tel Avivs, zieht aufgrund seiner Fischrestaurants Touristen magnetisch an. Tagsüber kann man den Anglern am Kai zusehen und den regen Verkehr der kleinen Fangboote beobachten. Abends kommt der Fisch dann fangfrisch auf den Tisch. Auch am Kinnereth, dem See Genezareth, ist frischer Fisch die Hauptattraktion und das Herzstück jeder Speisekarte. Die Restaurants entlang des Seeufers sind berühmt für ihre Fischgerichte. Den besten Fisch ißt man im Restaurant des Kibuzzes Ein Gev.

SUPPEN

באָרשט

Borscht

Borscht ist eine Rote-Bete-Suppe. Der Klassiker, der besonders in Litauen geschätzt wird, gehört in Russland und Polen zu den schmackhaftesten Gerichten der sogenannten »Arme-Leute-Küche«.

Für osteuropäische Juden zählen saure und süß-saure Speisen neben Schwarzbrot und Kartoffeln zu den Grundnahrungsmitteln, die in vielen Abwandlungen täglich auf den Tisch kommen. Dazu gehören auch Rote Bete, jiddisch »Borscht« genannt, und Sauerkraut. Russische Bauern besserten das kulinarische Einerlei von Brot, Hafersuppe und Kartoffeln in den langen Wintern mit säuerlichen Speisen auf. Für die meisten war Fleisch unerschwinglich, und in Ermangelung anderer frischer Nahrungsmittel diente sauer eingelegtes oder mit Essig zubereitetes Gemüse als willkommene Abwechslung auf dem Speiseplan. Darüber hinaus hat sauer Eingelegtes einen weiteren Vorteil: es hält sich den ganzen Winter. Diese Gewohnheiten übernahmen die litauischen Juden von ihren Nachbarn. Sie, die meist genauso mittellos waren, leisteten sich Fleisch höchstens am Schabbat. So stand in den kalten Wintermonaten überwiegend Sauerkrautsuppe oder Borscht auf dem Tisch. Im westlichen Polen war Borscht nicht sonderlich beliebt und galt als Erkennungsmerkmal litauischer Einwanderer.

Im Frühjahr war für die litauischen Juden Borscht mit Sauerampfer – »Schaw Borscht« – eine besondere Delikatesse. Mit den jungen Blättern des Sauerampfers und Zitronensaft, Sauermilch oder saurer Sahne verfeinert ist er ein beliebter Klassiker. In heißen Sommern kam Borscht kalt mit saurer Sahne und heißen Pellkartoffeln auf die Tafel.

Bis heute hat sich die saure Konservierungsmethode erhalten. In Osteuropa wie auch in Deutschland gehören Sauerkraut, Rote Bete und Salzgurken zu den traditionellen Wintergerichten.

Borscht gibt es auf allen Speisekarten in jüdischen Restaurants und in Delikatessenläden. Oft wird die Suppe in Gläsern konserviert im Handel angeboten.

Die Lodzer Juden machten zwar Geschäfte mit den Litwaks, vermieden es aber, privat mit ihnen zu verkehren. Diese Einstellung beruhte auf Gegenseitigkeit. Litwaks machten sich über die altmodische Kleidung und die Redeweise der Einheimischen lustig und bezeichneten sie als »Itsche-Mayers«– Provinzler, die noch mit Groschen statt mit Rubeln und Kopeken rechneten.

Der Groll der Einheimischen wuchs, als weitere Neuansiedler aus den Dörfern und Städten Litauens nach Lodz strömten, um hier ihren Lebensunterhalt zu verdienen. Im Gegensatz zu ihren lebenslustigen Moskauer Vettern waren die Litauer verbissen, nüchtern und notorisch knauserig. Das einzige, was sie nach Polen mitnahmen, waren ihre Teekessel und ihre Rasiermesser, die sie einmal in der Woche benützten.

Sie taten alles mögliche, um ihr Brot zu verdienen. Sie hausierten mit Nadeln, Schnürsenkeln, Seife und billigen Schuhen. Sie kauften jeden Stoffrest, jeden Fetzen in den Fabriken auf und boten mit rauhem litauischen Akzent ihre Ware auf der Straße feil.

Die ärmeren Lodzer Hausfrauen vermieteten ihnen einen Winkel ihrer Küche als Notquartier. Die Litauer, die jede Kopeke zweimal umdrehten, lebten von Brot und Hering. Sie konnten es nicht fassen, daß es für die polnischen Juden eine Selbstverständlichkeit war, täglich Fleisch zu essen. Sie waren baff, wenn Lodzer Hausfrauen für den Sabbat eine Gans brieten und Plätzchen backten. Es wunderte sie, daß die polnischen Juden es sich leisten konnten, Lokale zu besuchen, Bier und Schnaps zu trinken, Kichererbsen zu knabbern und Leberhäckerle zu bestellen. Sie staunten, wenn sie erwachsene Frauen in Süßwarengeschäfte gehen und eine Tafel Schokolade kaufen sahen.

»Polnische Vielfraße!« höhnten sie. »Wilde!«

»Litauisches Lumpenpack!«konterten die polnischen Juden. »Borschtsch mit Hering!«

(Israel J. Singer, Die Brüder Aschkenasi)

BORSCHT
ROTE BETE-SUPPE

8 mittelgroße Rote Bete
1 1/4 l Wasser
1 Knoblauchzehe
1 Petersilienwurzel oder 1 Stück Sellerie
1 Zwiebel
Saft einer Zitrone
1 EL Essig
2 EL Zucker
3 Eigelb
2 TL Salz
250 ml saure Sahne

Rote Bete schälen und auf einer Kartoffelreibe raffeln. In einem Topf mit Wasser, Salz und Essig aufkochen und 1 1/2 Stunden auf kleiner Flamme köcheln lassen. Im Mixer oder mit dem Pürierstab nochmals zerkleinern. Die heiße Suppe durch ein Sieb filtern. Mit Zucker und Zitronensaft abschmecken. Eigelb schaumig rühren und ein wenig Suppe dazufügen. Nach und nach die Mischung in die Suppe geben. Das Eigelb darf nicht gerinnen. Die Suppe im Kühlschrank kalt werden lassen. Auf Suppenteller verteilen und vor dem Servieren jeweils einen Eßlöffel saure Sahne dekorativ auf die Suppe setzen.

VARIANTE: SCHAW BORSCHT
SAUERAMPFERSUPPE

500 g mehlige Kartoffeln
1 ^{1}/4 l Wasser oder Brühe
200 g Sauerampferblätter, gehackt
1 TL Salz
1 TL Zucker
2 Eier

Die Sauerampferblätter waschen, harte Stiele entfernen, und kleinhacken. Kartoffeln schälen, waschen und in Wasser oder Brühe kochen, bis sie zerfallen. Mit einer Gabel zerdrücken. Sauerampfer, Salz und Zucker hinzufügen und weitere 5 Minuten auf kleiner Flamme ziehen lassen. Die Eier schlagen und mit wenig heißer Suppe verrühren. In die Suppe geben und nach und nach das restliche Eigelb hinzufügen, bis die Suppe dick wird. Darauf achten, daß die Suppe nicht kocht, da das Eigelb sonst gerinnt.
Schaw Borscht kann warm oder kalt serviert werden.

VARIANTE: SPINATSUPPE

1 ^{1}/4l Gemüsebrühe
1 Bund Brunnenkresse
500 g frischer Spinat
Selleriegrün
1 unbehandelte Zitrone
3 EL Zucker
1/2 TL Salz
1/2 TL weißer Pfeffer
200 g saure Sahne oder Crème fraîche

Spinat, Brunnenkresse und Selleriegrün gründlich waschen, dicke Stiele entfernen, und kleinhacken. Zusammen mit der Gemüsebrühe aufkochen und dann auf kleinster Flamme 30 Minuten ziehen lassen. Anschließend mit dem Pürierstab zerkleinern und die abgeriebene Schale und den Saft der Zitrone dazugeben. Mit Salz, Zucker und Pfeffer abschmecken. Die Suppe in ein nichtmetallisches Gefäß, z.B. in eine Plastikschüssel, füllen und mindestens 4 Stunden im Kühlschrank kalt stellen. Vor dem Servieren mit einem Löffel Crème fraîche oder saurer Sahne dekorieren.

גאלדענע יויך

Goldene Joich

Das jiddische »Joich« bedeutet Brühe. Die »Goldene Joich« ist eine besonders gute Hühnerbrühe, die traditionell am Schabbat, an Feiertagen und zu festlichen Gelegenheiten gereicht wird. Zum Festessen vor Beginn des Fastens an Jom Kippur ist sie ein »Muß«. Die Farbe der »Goldenen Joich« erinnert an Bernstein, da auf ihrer Oberfläche goldene Fettkügelchen schwimmen. Die wohlschmeckende und gesunde Suppe wird heute weitgehend entfettet gegessen.

Zur Zubereitung der goldfarbenen Hühnerbrühe braucht man ein fettes, frisches Suppenhuhn. Als zweiten Gang serviert man das gekochte Huhn mit scharfem Krein und Salzgurken. Eine gute Brühe läßt sich heute jedoch auch leicht aus einzelnen tiefgefrorenen Hühnerteilen wie z.B. Flügeln, Hühnerklein oder Füßen zubereiten. Danach folgt ein knuspriges Brathähnchen oder gedünstetes Hühnerfleisch. Früher waren Eier als Teil der Innereien frisch geschlachteter Hühner eine delikate und besondere bei Kindern beliebte Beilage. Heute ist es mitunter schwer, ein frisches Huhn mit Innereien zu bekommen. Doch es lohnt sich für die typische »Goldene Joich« möglichst ein frisches Huhn – und die besten gibt es beim koscheren Metzger – zu besorgen.

Chrejn is git far die zejn, joich is git far'n bauch.

Krein ist gut für die Zähne, und Hühnersuppe gut für den Magen.

Jiddisches Sprichwort

GOLDENE JOICH
HÜHNERSUPPE

1 frisches Suppenhuhn
1 große Zwiebel
2 Karotten
1 Lauchstange
1 kleine Sellerieknolle
2 Petersilienwurzeln
3 Stengel frischer Petersilie
1 EL Salz
1/2 TL weißen Pfeffer

Das Huhn gut waschen, in einen Topf legen und mit ca. 2 Liter Wasser bedecken. Den Topf zudecken und das Wasser aufkochen lassen. Danach mit einer Schöpfkelle den Schaum sorgfältig abnehmen. Karotten, Zwiebel, Sellerieknolle und Petersilienwurzeln schälen. Die Zwiebel über Kreuz einschneiden, Karotten halbieren und die Sellerieknolle vierteln. Lauchstange und frische Petersilie gut waschen und mit dem Gemüse nach dem Aufkochen in die Suppe geben. Mit Salz und Pfeffer würzen und auf sehr kleiner Flamme zugedeckt köcheln lassen. Nach einer Stunde das Huhn oder die Hühnerteile aus der Brühe nehmen und die Suppe noch eine weitere Stunde köcheln lassen. Brühe abkühlen lassen und durch ein Sieb in einen zweiten Topf gießen. Karotten und Sellerieknolle aus der Suppe nehmen, in kleine Stücke schneiden und aufheben. Ein Papiertuch auf die Suppe legen, um das Fett aufzusaugen.

(Um die Brühe gänzlich zu entfetten, stellt man sie über Nacht in den Kühlschrank und hebt am nächsten Tag das erkaltete Fett mit einem Löffel vorsichtig ab). Die Suppe erneut aufkochen, kleingeschnittenes Gemüse, Lokschen (Nudeln), oder Mazzeknödel hineingeben, kurz mitkochen lassen und die Suppe heiß servieren.

Tip: Noch besser schmeckt die Suppe, wenn man ein Stück Rindfleisch, das sogenannte Siedfleisch, beifügt. Hierzu 500 g Rindfleisch am Stück, am besten Beinfleisch, von Anfang an zur Suppe geben und bis zum Ende mitkochen lassen.

VARIANTE: HÜHNERSUPPE
MIT MAZZEKNEIDLACH

In die Suppe gibt man traditionellerweise dünne Nudeln, die im Jiddischen je nach Form Lokschen, Teiglech oder Grimslech genannt werden. Beliebt sind auch Mazzekneidlach, Kreplech oder Suppenmandeln. Diese Einlagen kann man heute fertig kaufen, selbstgemacht schmecken sie natürlich besser.

Das jiddische »Kneidlach« stammt vom deutschen »Knödel«. Seit dem frühen Mittelalter gehören Knödel zur deutschen, tschechischen und österreichischen Küche und wurden von den dort ansässigen Juden übernommen. In Osteuropa waren Knödel ein »Arme-Leute-Essen«, die aus den Grundzutaten Ei und Semmelbrösel in den verschiedensten Variationen hergestellt wurden.

Einlagen aus Mazzen oder Mazzemehl entstanden im Zusammenhang mit dem Pessachfest, an dem nichts Gesäuertes gegessen oder im Hause aufbewahrt werden darf. Mittlerweile sind Mazzekneidlach so beliebt, daß sie das ganze Jahr über gegessen werden. Mazzeknödel werden immer in einer Suppe, vor allem in Hühnersuppe serviert. Auch das älteste amerikanisch-jüdische Kochbuch von Esther Levy aus dem Jahre 1871 enthielt ein Rezept für Mazzekneidlach.

Mazzekneidlach gibt es in vielen Variationen, mit geriebener Zwiebel oder gehackter Petersilie, mit geriebenen Mandeln oder Ingwer, mit Mark oder mit Schmalz. Heutzutage gibt es Fertigpackungen mit der Teigmischung, die man nur mit einem Ei verrühren muß und die immer gelingen. Aber auch folgende Rezepte sind leicht nachzumachen und ergeben luftige Mazzekneidlach.

I'm Jewish because love my family matzoh ball soup

(Allen Ginsberg)

MAZZEKNEIDLACH
MAZZEKNÖDEL

175 g Mazzemehl
150 ml kaltes Wasser
3 Eier
6 EL Öl
1 TL Salz

Mazzemehl und Wasser zu einem Teig vermischen und salzen. Die Eier schlagen und zur Mazzemehlmasse geben. Die Mischung einige Stunden im Kühlschrank kalt stellen.

Anschließend daraus 12 kleine Kugeln formen, dabei die Hände immer wieder befeuchten, damit die Knödel nicht kleben. Einen großen Topf mit Wasser aufkochen und vorsichtig die Knödel hineingleiten lassen. Wenn das Wasser wieder aufkocht, steigen die Knödel an die Oberfläche und verdoppeln ihre Größe. Bei kleiner Flamme 20 Minuten köcheln lassen. Die Knödel vorsichtig aus dem Wasser heben und in die vorbereitete, heiße Hühnerbrühe setzen. Heiß servieren.

VARIANTE: KRÄUTERKNEIDLACH

2 Scheiben Mazze
1 Zwiebel
2 EL Öl
2 Stengel Petersilie
2 Eier
2 EL Mazzemehl
1 TL Salz
1 TL Pfeffer
1 Messerspitze Ingwerpulver

Die Mazzen mit heißem Wasser übergießen, 2–3 Minuten im Wasser liegen lassen und fest ausdrücken. Zwiebel schälen und hacken. Öl in einer Pfanne erhitzen und die gehackte Zwiebel 5 Minuten andünsten, bis sie glasig wird. Ganze Petersilienstengel waschen und kleinhacken (einige Blättchen zum Garnieren zurückbehalten). Eier leicht mit einer Gabel anschlagen. Die ausgedrückte Mazzemasse in eine Schüssel geben, Eier, gedünstete Zwiebel und Petersilie hinzugeben und gut vermischen. Mit Salz, Pfeffer und Ingwer würzen. 2 EL Mazzemehl hinzufügen. Mindestens 2 Stunden im Kühlschrank kalt stellen. Anschließend weiterverarbeiten wie vorher.

קרופניק

Krupnik

Krupnik ist eine Graupensuppe mit Pilzen. Der Name leitet sich vom russischen »Krupa« ab. Man versteht darunter »zum Kochen geeignetes Getreide«. Graupen sind heute entpelzte, rundgeschliffene und polierte Gerstenkörner. Im Handel gibt es verschiedene Formen, z. B. »Kälberzähne« oder »Rollgerste«. Die verbreitetste und feinste Graupensorte sind die Perlgraupen. Die Gerstenkörner sind rundherum gesund, reich an Proteinen und Kohlehydraten und haben einen hohen Anteil an Mineralstoffen. Bis zum Einzug der Kartoffel im 19. Jahrhundert waren Graupen das Hauptnahrungsmittel in Osteuropa. Für die Juden Polens, Litauens und der Ukraine zählten Graupen neben Buchweizen in jeder Form zu den Grundnahrungsmitteln. In den langen kalten Wintermonaten war Suppe das tägliche Hauptgericht, das wärmen und sättigen mußte. Im Sommer wurden dicke Gemüse-Eintöpfe mit Graupen zubereitet, winters, wenn die Fleischpreise fielen, gab es ein Stück Rind- oder Lammfleisch dazu. Pilze wurden im Herbst gesammelt, über dem Ofen getrocknet und als Vorrat für das ganze Jahr in Gläsern aufbewahrt. Bis heute hat sich die Krupniksuppe als traditionelles osteuropäisches Gericht in ihrer herkömmlichen Form erhalten. Krupnik gibt es in vielen Variationen, als einfache Suppe mit Graupen, Zwiebeln, Kartoffeln und Pilzen oder delikater mit verschiedenen Gemüsen oder auf fettreicherer Grundlage mit Hühner- oder Rindsbrühe verfeinert und mit Rind- oder Lammfleischeinlage.

In Israel als getrocknete Fertigsuppe hergestellt, wird die Suppe bei uns in koscheren Metzgereien und Geschäften angeboten. Zum Herstellen einer vollwertigen, gesunden Suppe, die in 20 Minuten servierbereit ist, wird nur heißes Wasser benötigt. Am besten schmeckt die Suppe mit frischen oder getrockneten Steinpilzen. Chinesische oder japanische Pilzsorten eignen sich nicht; sie haben zuwenig Eigenaroma.

Besser bei sich krupnik, ejder bei jenem gebrutens!

Besser man hat selbst einen Eintopf, als der Nachbar einen Braten.
Mit andere Worten: »Besser einen Spatz in der Hand, als eine Taube auf dem Dach!

Jiddisches Sprichwort

KRUPNIK
GRAUPENSUPPE

100 g Perlgraupen
1 1/2 l Wasser
2 EL gekörnte Gemüsebrühe
50 g getrocknete Pilze
2 Karotten
2 Petersilienwurzeln
2 Stengel Staudensellerie mit Blättern
1 kleine Zwiebel
2 mittelgroße Kartoffeln
1 EL Pflanzenöl
Salz
Pfeffer

Die getrockneten Pilze ca. 15 Minuten in wenig heißem Wasser einweichen und mit der Hand gut ausdrücken. Karotten, Zwiebel, Petersilienwurzel, Staudensellerie und Kartoffeln schälen, kleinschneiden und beiseite stellen. Perlgraupen, Wasser und gekörnte Brühe in einen Topf geben und zum Kochen bringen. Den Schaum abschöpfen und mit Salz und Pfeffer nach Geschmack würzen. Gemüse und Selleriegrün dazugeben und auf kleiner Flamme 20 Minuten köcheln lassen. Ab und zu umrühren. Pilze und Pflanzenöl unterrühren und weitere 10 Minuten auf kleinster Flamme ziehen lassen. Die Graupen sollten noch leicht Biß haben.

Tip: Auch mit frischen Champignons schmeckt Krupnik-Suppe vorzüglich.

VARIANTE: KRUPNIK MIT FLEISCHBRÜHE

Oftmals wird die Suppe auf der Basis einer Hühner- oder Rinderbrühe anstelle von Wasser gekocht. Dieses moderne Rezept verzichtet auf Pilze, um den guten Geschmack der Brühe nicht zu verdecken. Für Express-Krupnik können auch Brühwürfel verwendet werden.

1 kg Fleisch am Knochen (Lamm, Rind oder Kalb)
1 l Wasser
3 Karotten
4 Stengel Blattsellerie
1 Zwiebel
2 EL gutes Pflanzenöl
2 EL Perlgraupen
1 TL Salz
1/2 TL weißer Pfeffer

Den Ofen auf 200 °C vorheizen. Fleisch in einem Bräter im Ofen 30 Minuten von allen Seiten gut anbräunen. Herausnehmen und mit Wasser aufgießen, so daß es gut bedeckt ist und auf dem Gas- oder Elektroherd zum Kochen bringen. Den Schaum abschöpfen und zugedeckt mindestens 2 Stunden köcheln lassen. In der Zwischenzeit Karotten, Sellerie und Zwiebel schälen und kleinhacken. Die Gemüse mit Öl in einer Pfanne zwei Minuten andünsten und zur Brühe geben. Perlgraupen zugeben und 1 weitere Stunde bei geringer Temperatur köcheln lassen, bis die Perlgraupen weich sind. Mit Salz und Pfeffer abschmecken und heiß servieren.

מלוכיה

Melochia

Diese wohlschmeckende Gemüsesuppe ist eine sefardische Spezialität ägypti-schen Ursprungs. Melochia ist der arabische Name des Gemüses, das in Ägyp-ten auch als »Jüdisches Gemüse« bekannt war. Für die Suppe werden nur die Sprossen und Blattspitzen verwendet. Die dunkelgrüne Farbe und die leicht kleb-rige Substanz der Sprossen und Blätter verleihen der Spezialität ihr unverwech-selbares Aussehen und ihren delikaten Geschmack.

Die dicke Gemüsesuppe war bereits im Mittelalter das tägliche Mittagsmahl der ägyptischen Fellachen und der ärmeren Stadtbevölkerung. Bis heute wird die kräftige, mit Kardamom gewürzte Suppe von den aus Ägypten stammenden Juden wie den Muslimen gleichermaßen geschätzt. Viele für die sefardische Küche typischen Gewürze wie Kardamom, Kumin oder Koriander sind bei uns inzwischen leicht zu finden. Supermärkte und Orientgeschäfte führen ein breites Angebot an Gewürzen und exotischen Nahrungsmitteln. Melochia gibt es in Ägypten frisch auf dem Markt, bei uns getrocknet oder tiefgefroren. Das tiefge-frorene Gemüse ist dem getrockneten jedoch aus Geschmacksgründen vorzuzie-hen.

MELOCHIA
ÄGYPTISCHE GEMÜSESUPPE

1 kg frische oder gefrorene Melochia (oder 500 g getrocknete)
1 Suppenhuhn
2 Lorbeerblätter
4 Kardamomkapseln
1 Zwiebel
1 EL Salz
1 TL Pfeffer
10 Knoblauchzehen
2–3 EL gutes Pflanzenöl
1 EL frisch geriebener Koriander
nach Belieben 8 EL weißen Reis, gekocht

Tiefgefrorene Melochia ist in der Regel bereits kleingeschnitten und muß etwa 30 Minuten vor der Zubereitung aufgetaut werden. Bei frischer Melochia werden die Blätter und Sprossen vom Stil gepflückt, gewaschen, mit Küchenkrepp trockengetupft und sehr klein geschnitten. Getrocknetes Gemüse wird mit der Hand zerkrümelt oder in der Küchenmaschine zerkleinert und mit heißem Wasser besprengt, bis das Gemüse die Flüssigkeit aufgenommen hat (ca. 5 Minuten). Das Suppenhuhn in einem großen Topf aufsetzen und mit 2–2 1/2 l Wasser bedecken. Zwiebel schälen, halbieren und zusammen mit den Lorbeerblättern, Kardamomschoten, Salz und Pfeffer zum Huhn geben. Aufkochen lassen und den Schaum abschöpfen. Eine Stunde auf kleiner Flamme sanft köcheln lassen. Das Huhn herausnehmen und zur Seite stellen. Die Brühe durchsieben und zurück in den Topf geben. Nochmals mit Salz und Pfeffer abschmecken. Kurz vor dem Servieren die Brühe erneut aufkochen lassen und das feingeschnittene Gemüse hineingeben. 3–5 Minuten bei kleiner Flamme ziehen lassen. Inzwischen Knoblauchzehen schälen und feinhacken. In einer Pfanne mit Öl kurz anbraten bis sie Farbe angenommen haben. Grob gemahlenen Koriander zusetzen und umrühren. In die Suppe geben und weitere 5 Minuten ziehen lassen. Suppe in tiefe Teller füllen und nach Belieben jeweils mit 1–2 EL gekochtem Reis oder Hühnerteilen servieren.

Tip: Ist die Hühnerbrühe zu fett, die oberste Fettschicht vorsichtig mit Küchenkrepp abtupfen.

מרק עגבניות

Tomatensuppe

Zu den klassischen sefardischen Speisen zählt die Tomatensuppe aus frischen Tomaten. In Varianten steht sie im ganzen Mittelmeerraum auf den Speisekarten. Kaum ein Gemüse ist so unterschiedlich in Form, Farbe und Geschmack. Es gibt rote, grüne und gelbe Tomaten, runde Haushalt- oder Gärtnertomaten, Fleisch-, Oliven- und Kirschtomaten. Eines aber ist ihnen gemeinsam: Sie sind äußerst gesund. Tomaten bestehen zwar zu 90 % aus Wasser, besitzen jedoch viele Mineralstoffe, Spurenelemente, Vitamine und Fruchtsäuren. Außerdem zählen sie zu den kalorienärmsten Gemüsen überhaupt. Im Mittelmeerraum wie auch bei uns werden sie als Allroundgemüse geschätzt. Für die aromatische Tomatensuppe eignen sich am besten rote oder grüne Fleischtomaten; sie haben mehr Fruchtfleisch, weniger Kerne und Saft als andere Sorten und zeichnen sich durch den ursprünglichen süßwürzigen Tomatengeschmack aus. Typisch für die sefardische Küche ist auch die üppige Verwendung frischer Tomaten mit Zwiebeln und der Zusatz von kaltgepreßtem Oliven- oder Sesamöl. Die folgende Tomatensuppe ist eine türkische Variante des Suppenklassikers.

TOMATENSUPPE

1 l Wasser oder Gemüsebrühe
1 kg vollreife Fleischtomaten
2 Zwiebeln
3 EL Reis
3 EL Olivenöl
1/2 TL Salz
1/2 TL schwarzer Pfeffer
1 EL Zucker
3–4 Stengel großblättrige Petersilie

Tomaten mit kochendem Wasser überbrühen, 1–2 Minuten im heißen Wasser liegen lassen und die Haut abziehen. Die geschälten Tomaten in kleine Stücke schneiden. Zwiebeln schälen und kleinhacken. Das Olivenöl in einem Topf erhitzen und die Zwiebeln darin glasig werden lassen. Tomatenstücke hinzufügen. Reis und die gewaschenen, gezupften und grob zerkleinerten Petersilienblätter unter ständigem Rühren hinzufügen. Mit Salz, Pfeffer und Zucker abschmecken. Auf kleiner Flamme köcheln lassen, bis der Reis weich ist. Wasser oder Gemüsebrühe hinzugeben und weitere 15 Minuten auf kleinster Flamme weitergaren. Die Suppe darf nicht mehr kochen.

Tip: Wird die Suppe vor einer Fleischmahlzeit gereicht, schmeckt sie herzhafter mit Rinds- oder Hühnerbrühe. Auch eine herzhafte Gemüsebrühe eignet sich. Mit etwas frischem Basilikum oder Oregano erhält die Suppe einen italienischen Touch.

Hühnersuppe ist Medizin

Die delikate Hühnersuppe »Goldene Joich« gehört auf der ganzen Welt zu den koscheren Lieblingsspeisen. Als Auftakt für die mitunter deftige Speisenfolge an Feiertagen hat keine andere Suppe je den Kultstatus der »Goldenen Joich« erreicht.

»Joich« stammt aus dem Jiddischen und leitet sich aus dem Mittelhochdeutschen ab. Heute würde man es mit »Jauche« übersetzen. Nicht gerade passend im kulinarischen Zusammenhang, aber der ursprüngliche Sinn des Wortes bedeutet schlichtweg »Brühe«.

Im sefardischen Haushalt wird Hühnerbrühe als Basis für die Zubereitung von Couscous oder einer gehaltvollen Gemüsesuppe verwendet und mit Gewürzen aus der daran reichen Palette der orientalischen Küche verfeinert. Die sinnliche, aromatische und farbenprächtige Sefardenküche setzt auf Schönheit und Tafelfreuden. Kräftig gewürzte Suppen wie die dunkelgrüne Melochia, die aus Ägypten stammt, oder die in Israel geschätzte, tiefrote Tomatensuppe sind berühmte Spezialitäten der Sefardim. Die »Goldene Joich« – das Symbol für Glück und Reichtum – in der ost-jüdischen Tradition ist und bleibt jedoch die Königin der Suppen.

Als »Jewish Penicillin« hat sich die »Goldene Joich« neben »Gefillte Fisch« und »Bagels« im modernen Amerika als kulinarisches Symbol jüdischer Identität durchgesetzt. Hühnerbrühe wurde bereits von Moses Maimonides, dem jüdischen Philosophen, Gelehrten und Leibarzt des Salladin, der im 12. Jahrhundert in Ägypten lebte, als Heilmittel gegen Schwächeanfälle empfohlen. Der Hühnersuppe werden noch heute medizinische Heilkräfte nachgesagt. Dieser Volksglauben wurde vor kurzem von amerikanischen Wissenschaftlern bestärkt, die heilende Enzyme in der Wirkung der Suppe entdeckten. Für die klassische amerikanische Variante der Hühnerbrühe braucht man: Ein Huhn ohne Haut, sechs Stangen Bleichsellerie mit Blättern, vier Karotten, zwei große Zwiebeln, sechs Stengel frische Petersilie, eine Pastinake und zwei Liter Wasser. Nach einer bzw. anderthalb Stunden Kochzeit wird die Brühe durchgesiebt und entfettet. Sie hat im Durchschnitt 186 Kalorien, ist reich an Vitamin A, C, E, B6, B12 und notwendigen Mineralstoffen wie Calcium, Phosphor, Magnesium, Eisen, Zink und Selen. Die gute alte Hühnerbrühe ist ein natürliches Antihistaminikum und gilt in den USA als delikates »Gesundheitssüppchen«, als Medizin für Körper und Seele. Nachgewiesenermaßen hat die Hühnerbrühe positive Wirkungen bei rheumatischen Erkrankungen und hilft bei Grippe rasch wieder auf die Beine. Täglich eine Tasse »Chicken soup« gilt als »Soul-food«. In Amerika swingt die klassische Hühnerbrühe auch vom Plattenteller: Zu den bekanntesten Musiktiteln rund um die gesunde Suppe zählen Hits wie »Jewish Penicillin«, »Bar Mizwah Blues« und »Kosher kind of Love«.

TSCHOLENT, KIGL & CO.

געהאקטע לעבער

Gehackte Leber

Gehackte Leber ist eine typische Schabbat-Vorspeise und die Krönung eines jeden kalten Büffets.

Der Küchenklassiker wird auch als »jüdischer Kaviar« bezeichnet, sozusagen als Ersatz, denn die edlen Fischeier des Störs fallen bekanntlich unter die Kaschrut-Gesetze und sind nicht koscher. »Gehackte Leber« hat sich neben »Gefillte Fisch« und »Gehacktem Hering« zu einer jüdischen Spezialität entwickelt. Alle guten jüdischen Restaurants führen die traditionelle Vorspeise auf ihren Speisekarten.

Einschlägige Quellen vermuten, daß die französische »Pâté de foie gras«, die berühmte französische Gänseleberpastete, ein Nachfahre der »Gehackten Leber« ist. Das für die Leberpastete notwendige Stopfen von Enten und Gänsen ist bereits seit der Römerzeit bekannt.

Heute besteht die klassische französische Leberpastete aus Gänseleber, während für »Gehackte Leber« vorzugsweise Hühnerleber verwendet wird. Von einem gesunden, freilaufend aufgezogenen Huhn ist diese ebenso schmackhaft, dazu gesünder und wesentlich preiswerter.

Zur Gehackten Leber serviert man »Eier mit Zwiebeles«, hartgekochte Eier mit Zwiebeln, die auch optisch einen ansprechenden Kontrast bilden.

In der koscheren Küche muß Leber mehr noch als Fleisch auf besondere Weise zubereitet werden. Leber ist eine blutreiche Innerei. Sie muß sorgfältig gewaschen, gesalzen und zusätzlich über offener Flamme gekaschert werden. In der Regel wird dies heute bereits in der koscheren Metzgerei gemacht.

Das klassische Rezept schreibt anstelle von Öl reines Hühnerfett vor. Leber, Eier und Zwiebeln werden mit der Hand gehackt. Genauso gut läßt sich die Mischung mit der Küchenmaschine herstellen, am bestens geht das mit dem Mixer. Nur mit Ausnahme der Zwiebeln. Sie werden leicht bitter beim Pürieren und sollten deshalb fein mit der Hand gehackt werden.

»Besser gehakte leber ejder gehakte Zures.«

Gehackte Leber ist besser ist als Gehackte Zores.
Mit anderen Worten: Lieber gehackte Leber als ernste Sorgen.

Jiddisches Sprichwort

GEHACKTE LEBER

225 g Hühnerleber
3 EL Öl
1 Zwiebel
3 EL Hühnerbrühe
Salz und Pfeffer

Die Zwiebel kleinhacken und in einer Pfanne in Öl anbraten, bis sie glasig ist. Leberstücke hinzufügen, kurz mitbraten und mit einer Gabel in der Mitte zerpflücken, bis sie auch innen durchgebraten sind. Mit Salz und Pfeffer abschmecken. Die Hühnerbrühe angießen und auf kleiner Flamme fünf Minuten ziehen lassen. Die gebratenen Leberstücke durch einen Fleischwolf drehen, in den Mixer oder eine Küchenmaschine geben und zu einer satten Masse pürieren.

Eier mit Zwiebel

3 Eier
3 Frühlingszwiebeln
5 EL Hühnerbrühe
Salz und Pfeffer

Die hartgekochten Eier mit der Gabel oder der Küchenmaschine pürieren. Die Frühlingszwiebeln kleinhacken und darunter mischen. Langsam die Hühnerbrühe dazurühren, mit Salz und Pfeffer würzen und alles solange rühren, bis eine cremige Masse entsteht. Zum Servieren der Gehackten Leber einen Eisportionierer verwenden und die Bällchen auf Salatblättern anrichten. Darauf jeweils eine Kugel Gehackte Leber und eine Kugel Eier mit Zwiebeln setzen und mit grünen und schwarzen Oliven, Radieschen und Cocktailtomaten garnieren.

Tip: Anstelle von Frühlingszwiebeln schmecken auch »Eier mit gebratenen Zwiebeles«. Dazu 2 mittelgroße Zwiebeln kleinhacken, in 1–2 EL Öl anbraten und zur Eier-Mischung geben.

גאלארעטע

Galerette

Galerette, Galeh oder P'tscha ist der jiddische Name der Kalbsfußsülze. Im osteuropäischen Schtetl gehörte dieses Gericht zum Schabbat-Festmahl, heute ist es eine seltene Delikatesse geworden. Feinschmecker schätzen jedoch die feine Sülze, auch wenn die dazu benötigten Kalbsfüße beim Metzger nur auf Bestellung zu erhalten sind. »Galerette« ist ein sehr gesundes, fettarmes Gericht, ganz im Sinne moderner Ernährung. Die Zubereitung ist nicht schwierig, aber sie erfordert etwas Zeit.

Die Mühe lohnt sich allemal, wenn man die »Galerette« gleich für mehrere Portionen zubereitet. Aus diesem Grund ein Rezept für 6–8 Personen.

GALERETTE
KALBSFUßSÜLZE

2 Kalbsfüße, vom Metzger zerkleinert
1 Zwiebel
4 Knoblauchzehen
1 Karotte
1 Stangensellerie
3 Lorbeerblätter
1 TL schwarze Pfefferkörner
1–1 1/2 TL Salz
3 hartgekochte Eier
2 Zitronen
1 Bund Petersilie

Die Kalbsfüße waschen und in einen großen Topf legen, mit kaltem Wasser bedecken und zum Kochen bringen. Die Flamme reduzieren und 5–10 Minuten köcheln lassen. Sobald sich Schaum auf der Oberfläche sammelt, den Topf vom Feuer nehmen und das Wasser abgießen.

Die Füße erneut in den Topf legen und mit frischem kalten Wasser bedecken. Nacheinander die geschälte Zwiebel, geschälte und geschnittene Karotte, den

geputzten Stangensellerie, 2 der Knoblauchzehen, Lorbeerblätter und Pfefferkörner hinzufügen und salzen. Das Wasser aufkochen und auf kleiner Flamme
3–4 Stunden sieden lassen. Falls notwendig, Wasser hinzufügen, denn die Knochen sollten bedeckt sein. Sobald sich das Fleisch vom Knochen löst, Knochen
mit einer Schöpfkelle vorsichtig aus dem Topf nehmen und die Flüssigkeit durch
ein Sieb gießen. Fleisch und Knorpel in kleine Stücke schneiden.

Die restlichen beiden Knoblauchzehen kleinschneiden. Den Boden einer Ter-
rinen- oder viereckigen Auflaufform mit den Fleischstücken und dem zerdrückten Knoblauch belegen. Die in Scheiben geschnittenen hartgekochten Eier darauf verteilen. Brühe durch ein Haarsieb gießen und nochmals kräftig
abschmecken, damit die Brühe auch kalt würzig schmeckt. In die Form gießen
und über Nacht im Kühlschrank kalt stellen, bis sie fest geworden ist.

Zum Servieren die Sülze auf eine Platte stürzen und in Scheiben schneiden.
Mit halben Zitronenscheiben und Petersilie garnieren.

Tip: Köstlich schmeckt die Sülze auch, wenn man anstelle von Zitrone einige
Tropfen guten Weinessigs vor dem Servieren auf die Scheiben träufelt.

טשאלענט

Tscholent

Tscholent (auch Tschulent) heißt das traditionelle warme Mittagsgericht am Schabbat, dem jüdischen Ruhetag. Die Bezeichnung Tscholent – oder Cholent – stammt vermutlich aus dem mittelalterlichen Französisch und leitet sich von »chauld« für heiß und »lent« für langsam ab und bezieht sich auf das langsame Garen der Speise. Möglicherweise ist der Name auch lateinischen Ursprungs: »calentum« steht für Warmes. In der sefardischen Küchentradition heißt die Schabbatspeise »Chamin«. »Cham«, die Wurzel des Wortes, bedeutet im Hebräischen »heiß«. Bereits zu Zeiten des Talmuds im 3. Jahrhundert war es Sitte, am Schabbat eine warme Mahlzeit zu genießen, um die Festtagsfreuden zu erhöhen.

Die Tatsache, daß das jüdische Religionsgesetz das Anmachen von Feuer und Licht am Schabbat verbietet, hat zur Entstehung langgegarter Speisen, wie z.B. »Tscholent«, geführt. Bis heute wird diese Vorschrift in religiösen Familien eingehalten. Infolgedessen wurde bereits Freitagmittag, vor Beginn des Schabbats, ein Eintopf zubereitet und über Nacht warmgehalten, um am Schabbat-Mittag eine warme Mahlzeit auftischen zu können.

Tscholent bzw. Chamin entwickelte sich so zu einem traditionellen Schabbatgericht. Zutaten und Geschmack variieren, aber in allen jüdischen Gemeinden ist der Schabbat-Schmortopf das gebotene samstägliche Mittagessen. In beiden Küchentraditionen – der aschkenasischen wie der sefardischen – gibt es für das Schabbatgericht viele Rezepte und Bezeichnungen. In Marokko und Algerien heißt es z.B. »Dafina«, was im Arabischen soviel wie »begraben« bedeutet. Tatsächlich wurden die Schabbattöpfe auf heißen Kohlen im Erdboden gegart. Die jemenitische Variante nennt sich »Harisa« und besteht aus einem Grießteig, der mit Fleisch und Gewürzen gefüllt wird und im üppigen Fett langsam ausbäckt. Die Juden in Kurdistan nannten ihren Schabbat-Schmortopf »mabote«, eine Mischung aus gemahlenem Weizen, Kichererbsen, Fleisch oder gefüllten Hühnchen, Innereien und Kube (flache, mit Fleisch gefüllte Kuchen aus Weizenschrot oder Reis). Persische Juden kombinierten Rindfleisch, Rüben, Lauch, Kraut, Bohnen, Linsen und Reis miteinander und nannten das Gericht »khalebibi«.

In Deutschland und Holland ist der Schmortopf unter dem Namen »Schalet« bekannt, in Böhmen unter »Schulet«. In den ländlichen Gemeinden und den Schtetln Osteuropas wurde der Eintopf Freitagmittag ins gemeinschaftliche

49

Backhaus oder zum Bäcker gebracht, um ihn dort warm zu halten. In Süddeutschland setzten Rabbiner bereits im Mittelalter strenge Vorschriften für das Warmhalten der Speisen auf. So mußten die Öfen mit Ton verschlossen werden, um ein frühzeitiges Öffnen der warmen Backmulden und damit ein Anfachen der Glut zu verhindern. Weniger streng wurde die Regel hingegen im nachbarlichen Frankreich gehandhabt. Dort stand mehr die Speise als die Speiseregelung im Vordergrund. In der Regel wurde der Tscholent nach dem Ende des Gottesdienstes in der Synagoge von christlichen Dienstmädchen oder Kindern nach Hause getragen. Der Duft des Tscholent breitete sich in den Gassen und jüdischen Vierteln aus, so daß Schabbat immer mit speziellen Gerüchen verbunden war. Im modernen Haushalt duftet der Tscholent nach wie vor appetitanregend, auch wenn inzwischen elektrische Warmhalteplatten, die sogenannten »Schabbesplatten«, die Backhäuser abgelöst haben.

Die Grundzutaten des aschkenasischen Tscholent und des sefardischen Chamins sind bis auf die Gewürzbeimischungen identisch. Ein schmackhafter Tscholent wird mit Fleisch, Getreide und Hülsenfrüchten zubereitet. Gewürze und weitere Zutaten sind jeweils kulturell verschieden. Der klassische Tscholent besteht aus Rindfleisch in der Kombination mit Kartoffeln, Perlgraupen und weißen Bohnen, die mit der Entdeckung Amerikas nach Europa gelangten. Für den sefardischen Chamin werden bevorzugt Lammfleisch, auch in gehackter Form, Reis, Kichererbsen und hartgekochte Eier verwendet.

»In a tschulent un in a schiduch, kikt men nit zifil arejn.«

Es zahlt sich nicht aus, zu tief in einen Tscholent oder
in ein Verlöbnis hineinzuschauen.

Jiddisches Sprichwort

Prinzessin Sabbat
Schalet, schöner Götterfunken,
Tochter aus Elysium!
Also klänge Schillers Hochlied,
Hätt er Schalet je gekostet.

Schalet ist die Himmelsspeise,
Die der liebe Herrgott selber
Einst den Moses kochen lehrte
Auf dem Berge Sinai,
Wo der Allerhöchste gleichfalls
All die guten Glaubenslehren
Und die heilgen zehn Gebote
Wetterleuchtend offenbarte.
Schalet ist des wahren Gottes
Koscheres Ambrosia,
Wonnebrot des Paradieses,
und mit solcher Kost verglichen

Ist nur eitel Teufelsdreck
Das Ambrosia der falschen
Heidengötter Griechenlands,
Die verkappte Teufel waren.

(Heinrich Heine, Hebräische Melodien)

Tscholent
Schmortopf

1,5 kg Rindfleisch (Brust oder Schulter)
400 g weiße Bohnen
300 g Zwiebeln
300 g Perlgraupen
1,5 kg Kartoffeln
2 Markknochen
100 g Pflanzenöl
Salz
weißer Pfeffer
Paprikapulver
Mehl

Die Bohnen verlesen, waschen und über Nacht in kaltem Wasser einweichen. Das Fleisch in große Würfel schneiden, salzen, pfeffern und mit Paprikapulver und etwas Mehl bestreuen. Zwiebeln schälen und würfeln. Öl in einer großen Kasserolle erhitzen und das Fleisch von allen Seiten scharf anbraten. Zwiebelwürfel dazugeben und ebenfalls bräunen. Kartoffeln schälen, waschen, in Würfel schneiden und zusammen mit den abgegossenen Bohnen, Perlgraupen und den Markknochen hinzufügen. Die Kasserolle mit kaltem Wasser auffüllen und zum Kochen bringen. Eine weitere Stunde sanft köcheln lassen, mit einem Deckel verschließen und bei 100 °C über Nacht im Backofen garen. Darauf achten, daß der Eintopf immer feucht ist, damit die Zutaten quellen können. Nach 8 Stunden ist der Tscholent gar. Auf der Wärmeplatte hält er sich gut bis Mittag.

VARIANTE: IRAKISCHER CHAMIN
IRAKISCHER SCHMORTOPF

1 Brathuhn von 1,5–2 kg
4 große Tomaten
5 kleine Zwiebeln
5 EL Pflanzenöl
50 g Reis
100 g Lima-, weiße -, oder Kidneybohnen
5 mittelgroße Kartoffeln
6 weitere Tomaten
1/2 TL Zimt
1 Messerspitze gemahlener Kardamom
Salz
Pfeffer

Bohnen über Nacht in kaltem Wasser einweichen. Anderntags Zwiebeln schälen, würfeln und in einem großen Topf oder einer verschließbaren Kasserolle im heißen Öl anbraten. Den Reis waschen, gut abtropfen lassen und mit anbraten. Tomaten waschen, vierteln und dazugeben. Die Mischung aus Zwiebeln, Reis und Tomaten salzen und pfeffern. Das Huhn damit füllen und mit Hilfe eines Hölzchens schließen.

Die eingeweichten Bohnen gut abtropfen lassen und in einen großen Topf schütten. Das gefüllte Huhn in die Mitte auf die Bohnen legen. Kartoffeln schälen, waschen, vierteln und ebenfalls um das Huhn verteilen. Mit Zimt, Kardamom, Salz und Pfeffer würzen. Tomaten waschen, in Würfel schneiden und auf die Kartoffeln schichten. Mit Wasser auffüllen und zum Kochen bringen. Danach den Topf gut verschließen und über Nacht bei niedriger Temperatur im Backofen oder auf einer Wärmeplatte garen. Nach 8 Stunden ist der Chamin gar.

קישקע

Kischke

Kischke bedeutet im Jiddischen »Darm« und ist eine Art selbsthergestellter Wurst im Rindsdarm, die mit einer Mehl-Zwiebel- oder Kartoffelfüllung gestopft wird.

Hausgemachte »Kischke« gehört zu den klassischen gefüllten Gerichten. Kischke zählt wie Gefillte Fisch, Kreplach und Gefilltes Hälsel zu den Lieblingsspeisen der aus Ost- und Mitteleuropa stammenden aschkenasischen Juden. Interessanterweise findet sich Kischke auch auf der Speisekarte kubanischer Juden. Sefarden teilen die Vorliebe für »Gefülltes«, jedoch in Form von Kube – Hackfleisch im Gries- oder Bulgurteig –, gefüllten Hühnern und Gemüse in allen Variationen. Die Kischke wird traditionellerweise im Tscholent, dem Schabbat-Schmortopf, über Nacht mitgegart. In Israel und beim koscheren Metzger kann man die gereinigten Darmhäute vom Rind frisch oder tiefgefroren zum sofortigen Gebrauch kaufen.

Umsonst ken nor die kischke arojskrichen.

Umsonst kann einem nur der Magen herauskriechen. Mit anderen Worten: Nichts bekommt man umsonst.

Jiddisches Sprichwort

KISCHKE
GEFÜLLTER NATURDARM

30 cm frische Kischke vom kosheren Metzger
1 große Zwiebel
1 Knoblauchzehe
90–100 g Mehl
4 EL Pflanzenmargarine
1/2 TL Salz
1/2 TL schwarzer Pfeffer
2 EL Matzenmehl oder Semmelbrösel
1 1/2–2 l Hühnerbrühe zum Garen
2 EL Öl zum Braten

Frische Kischke vom Metzger nach außen stülpen und gründlich unter fließendem Wasser säubern. Umdrehen und an einem Ende fest mit gebrühtem weißem Faden vernähen.

Zwiebeln und Knoblauch schälen, fein hacken und in eine Schüssel geben. Mehl, Matzenmehl und Margarine dazugeben, mit den Händen gut verkneten und mit Salz und Pfeffer würzen. Die Darmhaut bis zur Hälfte umstülpen und vorsichtig nach und nach locker füllen, so daß die Masse gut Platz hat. Vom richtigen Stopfen der Haut hängt das Gelingen der Kischke ab. Wird sie zu straff gefüllt, platzt sie leicht. Am Ende etwa 1 cm ungefüllt lassen und die Öffnung wiederum fest mit weißem Garn vernähen. Die gefüllte Kischke kurz mit lauwarmem Wasser abspülen und mehrere Male rundherum mit der Gabel einstechen. In einem Topf Salzwasser oder Hühnerbrühe zum Kochen bringen und die Kischke vorsichtig einlegen. 1 1/2 Stunden auf ganz kleiner Flamme ziehen lassen. Nach Bedarf kann die gare Kischke nochmals in einer Pfanne mit Öl rundherum knusprig gebraten werden.

In der Regel wird die Kischke im Tscholent mitgegart. Hierzu wird die Kischke nur 10 Minuten lang im heißen Wasser gekocht und auf den angegarten Tscholent zum Mitgaren über Nacht bei 100°C gelegt und am nächsten Mittag zusammen mit dem Schmortopf serviert.

קיגעל

Kigl

Die jiddische Bezeichnung Kigl oder Kugel ist ein Sammelbegriff für verschiedene Kartoffel- oder Mehlaufläufe.

Das Gericht geht auf den deutschen Gugelhopf oder Gugelhupf zurück. Sonntags, wenn die Bäcker ihren Ruhetag hatten, wurde das Hefegebäck im Südwesten Deutschlands, im Elsaß und auch in Österreich traditionsgemäß in den Familien selbst hergestellt. Der Kigl wurde rund in einer Art Auflaufform wie ein Kuchen gebacken. In Österreich kamen in den Gugelhupf Rosinen und Zucker, deutsche Juden übernahmen dieses Gericht als mittägliches Schabbatessen und nannten es Schalet-Kugl. Wie alle Schabbatgerichte wird der Kigl oder Kugl über Nacht im Ofen gebacken, so daß auf Rosinen und Hefe für diesen Zweck verzichtet wurde. Polnische Juden machten aus der »Schalet-Kugl« kurz den »Kugl«.

In der aschkenasischen Küche gehören Kigl ebenso wie Tscholent bis heute zu den traditionellen Schabbatgerichten. Er existiert in unzähligen Varianten und wird mit Kartoffeln, Nudeln oder Mehl zubereitet. Der traditionelle deutsche Kigl besteht aus einer Mischung von Weißbrot und Mehl und wird zusammen mit Tscholent über Nacht im Backofen gegart. Man kann ihn warm oder kalt essen. Würzig und pikant schmeckt er in den Versionen mit Mehl oder Kartoffeln. Er ist ein idealer Begleiter von Tscholent oder Fleischgerichten. Auf der Basis von Nudeln wird Kigl meist als süße Nachspeise serviert, mit Äpfeln, Rosinen oder Walnüssen gespickt.

Heute wird Kigl aus Kartoffeln oder Nudeln in einer Backform zubereitet. Anstelle tierischer Fette, wie Hühnerfett oder Schmalz, so in vielen polnisch-jüdischen Rezepten angegeben, wird vorzugsweise Speiseöl verwendet.

Eine beliebte Variante des Kigl ist ein milchiger Nudelkuchen mit Käse. Er wird gern an Schawuot, dem jüdischen Wochenfest, zusammen mit anderen Milchspeisen gegessen.

Jetzt bereitet man einen Kloß aus 2 Klöven (3 Schillinge Weißbrot), die in Stücke geschnitten und mit heißem Wasser begossen werden, giebt 1 Pfund feines Mehl, 1/2 Pfund gehacktes Ochsennierenfett, etwas Zucker, Muskatnuß und Salz dazu und knetet dieses alles zu einer festen Masse, aus welcher der Kloß rund geformt, der oben auf in den Topf gelegt wird. Der Deckel wird fest darauf geschlossen, der Inhalt am Abend ins Kochen gebracht und dann das Gefäß in heiße Asche, in der Ecke des Herdes, gesetzt, mit kleinen Kohlen und Torfmull umlegt, im langsamen Kochen bis zum anderen Mittag.

(Sophie Charlotte Hommer, Küchen-Album)

Ot asoj kocht men di lokschen

Ja, so kocht man Nudeln.
Mit anderen Worten: Endlich hast du es verstanden.

Jiddisches Sprichwort

KARTOFFELKIGL
KARTOFFELAUFLAUF

10 mittelgroße Kartoffeln (1,5 kg)
1 große Zwiebel
4 Eier
4 EL Pflanzenöl
1 TL Salz
1 Messerspitze Pfeffer

Zwiebel schälen und kleinhacken. Eier trennen und das Eiweiß mit einer Prise Salz steif schlagen. Eigelb mit Öl, der gehackten Zwiebel, Salz und Pfeffer in eine Schüssel geben und gut verrühren. Die Kartoffeln schälen, waschen und über eine Kartoffelreibe reiben. Zur Eiermasse geben, steifgeschlagenes Eiweiß unterheben. Die Masse in eine mit Öl bepinselte Kastenbackform oder Auflaufform geben. Auf mittlerer Schiene im Backofen bei 180° C ca. 1 Stunde backen. Danach die Hitze auf 230° C erhöhen und weitere 5–10 Minuten backen, bis die Oberfläche schön braun ist. Heiß servieren.

Will man den Kigl erst anderntags servieren, so wie es traditionellerweise üblich war, wird er nach einer Stunde Backzeit aus dem Ofen genommen und mit einem Glas Wasser benetzt, damit er nicht austrocknet, und am Schabbatvortag über Nacht auf einer elektrischen Schabbatplatte oder im Ofen bei 100° C gegart.

VARIANTE: GEMÜSEKIGL
GEMÜSEAUFLAUF

Leichter und ebenso schmackhaft ist ein reiner Gemüsekigl, den man mit den verschiedensten Gemüsesorten zubereitet, die noch vor wenigen Jahren der jüdischen Küche Osteuropas unbekannt waren, wie beispielsweise Zucchini.

4 mittelgroße Kartoffeln
4 mittelgroße Zucchini
3 Karotten
3 Gemüsezwiebeln
2 TL Backpulver
2 EL Mazzemehl oder Semmelbrösel
1 TL Salz
1 TL schwarzer Pfeffer
2 Eier
1 EL Pflanzenöl

Kartoffeln, Karotten und Zwiebeln schälen, Zucchini waschen und über eine Kartoffelreibe reiben. Die Gemüsemasse kräftig mit der Hand ausdrücken und sofort mit Backpulver bestäuben. Danach das Mazzemehl oder die Semmelbrösel, Salz, Pfeffer und Eier hinzufügen und gut vermischen. Die Masse in eine geölte Auflauf- oder Backform füllen, mit Öl beträufeln und bei 180° C auf mittlerer Schiene 1 Stunde backen, bis sich eine braune Kruste gebildet hat.

Nudeln heißen im Jiddischen Lokschen. Wie Pasta im Italienischen sind auch Lokschen ein Sammelbegriff. Dazu zählen die verschiedensten Formen. Lokschen werden nicht nur in der Suppe, sondern auch in Variationen als »milchiges« Gericht gegessen. Im Gegensatz zur italienischen Pasta werden sie nicht »al dente«, sondern für die unterschiedlichen Zubereitungsformen weich gegart oder weich gebacken. Der Lokschenkigl ist eine Art Nudelpudding. Für ihn werden dünne Suppennudeln oder breite Bandnudeln verwendet. Diese Spezialität wird in Jerusalem z.B. von den alteingesessenen osteuropäischen Familien am Schabbat als Nachtisch serviert.

SÜSSER LOKSCHENKIGL
NUDELAUFLAUF

400 g dünne Suppennudeln
250 g Zucker
5 EL Pflanzenöl
4 Eier
1 TL Salz
1 TL Zimt
1 1/2 TL schwarzer Pfeffer

Nudeln ca. 5 Minuten in sprudelndem Salzwasser kochen, dann abtropfen lassen und in eine Schüssel geben. Öl in einer Pfanne erhitzen, den Zucker bei mittlerer Hitze vorsichtig einrieseln und kräftig rühren, bis er karamelisiert. Karamelsoße über die Nudeln geben und gut vermengen, so daß alle Nudeln benetzt sind. Eier, Salz, Zimt und schwarzen Pfeffer zu einer schaumigen Masse verrühren und über die Nudeln gießen. Nochmals gut vermischen. In eine gefettete Back- oder Auflaufform geben, zudecken und bei 180° C auf mittlerer Schiene 40–50 Minuten backen, bis der Kigl knusprig braun ist.

VARIANTE: HONIG-LOKSCHENKIGL

400 g breite Nudeln
150 g Zucker
5 EL Öl oder 100 g Margarine
4 Eier
1 TL Salz
50 g Zimt
150 g Rosinen
100 g geschälte Walnüsse, gehackt
50 g Honig

Nudeln ca. 5 Minuten in sprudelndem Salzwasser kochen, abtropfen lassen und in eine Schüssel geben. Die Eier unter ständiger Zugabe des Zuckers schaumig rühren. Öl, zerlassene Margarine, Zimt und Salz zugeben. Die Masse über die Nudeln verteilen und gut vermischen. Die Hälfte in eine gefettete Back- oder Auflaufform geben und mit Rosinen und den gehackten Walnüssen bestreuen. Honig darüber geben und mit der restlichen Nudelmasse auffüllen. Den Honig-Lokschenkigl auf mittlerer Schiene bei 180 °C ca. 1 Stunde backen.

ג> עפילטעס העלזעל

Gefilltes Helsel

»Gefilltes Helsel« ist gefüllter Gänsehals und eine ganz besondere Delikatesse der jüdischen Küche. Das Gericht weist die unterschiedlichsten Schreibweisen und Namen auf, wie zum Beispiel Gefülltes »Hälsl«, »Hälsel« oder »Gänsehälschen«.

Die Juden im Elsaß spezialisierten sich im 17. Jahrhundert auf die Gänseaufzucht und entwickelten eine besondere Art der Gänsemast. Sie betrieben Handel mit der Gänseleber und bestritten so ihren Unterhalt. Auch im Polen des 19. und beginnenden 20. Jahrhunderts haben Juden in den Dörfern Gänse und Enten gemästet. Bei den Rabbinern waren Aufzucht und das Mästen von Gänsen nicht unumstritten, manche waren strikt dagegen, da die Bibel jede Form von Tierquälerei verbietet. Schmalz von Gänsen und Hühnern war in Ost- und Nordeuropa als Basis von Fleischmahlzeiten wichtig, denn moderne Fette wie Margarine und Pflanzenöl waren bis ins 20. Jahrhundert unbekannt. Beim Zerlassen des Gänsefettes bleiben kleine Hautstückchen erhalten, die auf jiddisch »Grieven« oder »Gribenes« heißen. Das kommt vom Deutschen »Griebe«, und galt stets als Delikatesse.

Traditionell wurde der Hals einer Gans hierfür verwendet. Heute werden auch die Hälse von Hühnern oder Puten genommen.

Will man mehrere Portionen zubereiten, kann man auch die Haut eines ganzen Huhnes verwenden. Der Geflügelhals läßt sich mit unterschiedlichen Mischungen füllen. Er schmeckt kalt oder warm.

Deriber gejn di gens burwess, in di katschkes in rojte schichlech

Deshalb gehen Gänse barfuß und Enten in roten Schuhen.
Mit anderen Worten: Eine Sache ist selbstverständlich und benötigt keine Erklärungen.

Jiddisches Sprichwort

GEFILLTES HELSEL
GEFÜLLTER GÄNSEHALS

1 Gänse- oder Geflügelhals
1 kleine Zwiebel
1 Knoblauchzehe
1 EL Öl
2 EL Mehl
2 EL frischgehackte Petersilie
1/2 TL Salz
1/2 TL gemahlener schwarzer Pfeffer
1/2 TL scharfes Paprikagewürz
etwas Öl zum Braten

Die Haut vorsichtig von Gans, Pute oder Huhn abziehen und an einem Ende mit gebrühtem weißem Faden zunähen. Zwiebel und Knoblauchzehe kleinhacken. Öl in einer Pfanne erhitzen, darin Zwiebeln und Knoblauch leicht anbraten. Die restlichen Zutaten in einer Schüssel gut vermengen und das angebratene Zwiebel-Knoblauch-Gemisch hinzufügen. Die Mischung vorsichtig und locker in die Haut füllen. Das zweite Ende zunähen. Den gefüllten Hals in eine kochende Suppe oder einen kochenden Eintopf geben und sehr lange, mindestens zwei Stunden, ziehen lassen. Der Hals wird besonders lecker, wenn er nach der Garzeit nochmals rundherum angebraten wird. Als Beilage wird er in 3 cm breite Scheiben geschnitten. Auch kalt aufgeschnitten ist der Gänsehals delikat.

Tip: Wer es krustig mag, legt den Hals neben das Geflügel aufs Blech und läßt ihn bei 200° C auf mittlerer Schiene ca. 1 Stunde im Ofen gar werden.

VARIANTE: GEFILLTES HELSEL MIT BROTFÜLLUNG

2 Scheiben Brot oder Mazze
2 Eier
1/2 TL zerdrückter Knoblauch
1/2 TL Salz
1/2 TL gemahlener schwarzer Pfeffer
etwas Öl zum Braten

Die Brotscheiben oder Mazze kurz in lauwarmem Wasser einweichen und gut ausdrücken. Eier, Brot und restliche Zutaten im Mixer verquirlen und kräftig würzen. Den Hals wie oben beschrieben füllen. Im Topf mit Wasser oder Fleischbrühe garen oder bei guter Mittelhitze (200° C) ca. 45–50 Minuten knusprig braten.

VARIANTE: GEFILLTES HELSEL MIT HACKFLEISCHFÜLLUNG

100 g Rinderhack oder gekochtes Hühnerfleisch
2 EL Semmelbrösel oder Mazzemehl
2 Eier
1/2 TL Salz
1/2 TL gemahlener schwarzer Pfeffer
1/2 TL zerdrückter Knoblauch
etwas Öl zum Braten

Das gekochte Hühnerfleisch kleinhacken. Das Hühnerfleisch oder das Rinderhack mit den übrigen Zutaten gut vermischen, in den Hals füllen und wie oben beschrieben garen oder braten.

VARIANTE: GEFÜLLTER GÄNSEHALS MIT MANDELN

3 EL gemahlene Mandeln
1 EL Mazzemehl
2 EL gehackte frische Petersilie
1 Ei
1/2 TL Salz
1/2 TL gemahlener schwarzer Pfeffer

Alle Zutaten gut vermengen, vorsichtig in den Hals füllen und wie oben beschrieben garen oder braten.

חזה ברווז

Entenbrust mit Granatäpfeln

Entenbrust mit Granatäpfeln ist ein klassisches Gericht aus Persien, das auf-
grund der aromatischen Zugabe von Granatapfelsaft sehr geschätzt wird. Der
Granatapfel genießt eine spezielle Bedeutung, er zählt zu den sieben Früchten des
Landes Israel. Traditionell liegt ein Granatapfel als Sinnbild eines fruchtbaren
Jahres an Rosch Haschana auf dem Tisch. Die orientalisch-jüdische Küche im
Irak, Iran und in Syrien setzt den säuerlichen Geschmack des Granatapfels mit
Vorliebe für besonders lukullische Gerichte ein.

Der aromatische Fruchtsaft wird frisch gepreßt verwendet oder zu Sirup ein-
gedickt. Eine Methode, die vor allem in Kurdistan verbreitet ist. Dazu werden
die Kerne getrocknet, anschließend mit Wasser eingekocht und konserviert.

Heute kann man den dunkelbraunen Sirup in süßen oder säuerlichen Varianten fertig in asiatischen Lebensmittelläden kaufen. Granatäpfel sind gesund, sie
enthalten einen hohen Anteil an Eisen. Mit Zucker vermischt erhält man im
Sommer aus dem Granatapfelsaft ein erfrischendes süß-säuerliches Getränk.

ENTENBRUST MIT GRANATÄPFELN

4 Entenbrüste
1 große Zwiebel
2 EL Öl
3 EL Granatapfelsirup
1/2 Tasse geschälte Walnüsse
100 ml Wasser
2–3 TL Zucker
Salz
frisch gemahlener schwarzer Pfeffer
frische Granatapfelkerne

Das Öl in einer großen Pfanne bei mittlerer Hitze heiß werden lassen und die
Entenbrüste mit der Haut nach unten ca. 5 Minuten anbraten, bis das Fett austritt. Die Zwiebel schälen, hacken und dazugeben. Weitere 5 Minuten unter
häufigem Rühren andünsten, bis die Zwiebelstücke glasig sind. Mit Salz und

Pfeffer würzen. Sobald die Entenbrüste auf der Hautseite braun sind, vorsichtig wenden und weiterbraten, bis das Fleisch leicht gebräunt ist. Danach die Entenbrüste mit den Zwiebelstücken aus der Pfanne heben und auf einem Teller beiseite stellen.

Das Fett aus der Pfanne abgießen und die Zwiebelstücke wieder in die Pfanne schütten. Die Walnüsse feinhacken und mit Granatapfelsirup und Wasser in der Pfanne verrühren. Zucker hinzufügen und die gebratenen Entenbrüste einlegen. Auf kleiner Flamme weitere 20 Minuten simmern lassen, bis sie gar sind.

Man garniert die Entenbrüste mit Walnußhälften und einigen frischen Granatapfelkernen, dazu Reis oder Latkes.

Variante: Huhn mit Granatäpfeln

Anstelle von Ente kann man das Gericht auch mit Brathähnchen zubereiten. Das Huhn wird in einer Kasserolle oder einem Bräter unter häufigem Wenden etwa 15 Minuten rundherum angebraten, dann wird die Soße zubereitet und das Huhn wieder hineingelegt. Danach läßt man es etwa 45–50 Minuten in der zugedeckten Kasserolle garen, bis es zart ist und beim Anstechen klarer Saft aus dem Bein austritt. Das Huhn auf eine Platte legen und warmhalten. Kochflüssigkeit reduzieren und das Huhn damit übergießen. Heiß servieren!

Tip: Huhn und Entenfleisch schmecken auch kalt, in dünne Scheiben geschnitten. Dazu entfernt man jedoch die Haut, die nur warm schmeckt.

קובה

Kube

Kube, Kibbeh, oder Kobeba sind die Namen eines typischen sephardischen Gerichtes. »Kibbeh« bedeutet im Arabischen »ballförmig«. Kube sind kleine gefüllte Reis- oder Bulgurkroketten.

Die Form des Kube variiert zwischen runden, länglichen, eierförmigen bis hin zu ovalen Klößchen oder auch dünnen Scheiben und Rollen. Kube sind die Frühlingsrollen der Juden im Nahen Osten.

Die Teighülle von Kube besteht aus Bulgur (Weizenschrot) oder Reis, die mit Hackfleisch und Gemüsen gefüllt sein kann. Kube wird in Ägypten, Syrien, Libanon, Irak und in Kurdistan geschätzt. Jede Region hat dabei ihre Lieblingsversion des Nationalgerichts.

An Stelle von Bulgur wird Kube für die Pessach-Feiertage mit Reis zubereitet. Gesäuertes Getreide wie Bulgur ist an diesen Feiertagen tabu. Reis dagegen ist in der sefardischen Küche erlaubt.

Die Herstellung der schmackhaften Kroketten erfordert einige Fingerfertigkeit, da die Teighülle dünn, gleichzeitig aber fest sein muß, damit die Kube nicht auseinanderfallen.

Mit den Händen werden kleine Bällchen geformt und zwischen Daumen und Zeigefinger der linken Hand gehalten. Mit dem Zeigefinger der rechten Hand wird vorsichtig eine Vertiefung in den Teig gedrückt, die Füllung hineingegeben und die Teighülle geschlossen.

Auch bei der Füllung spielen lokale Traditionen eine Rolle. Vorzugsweise wurde Lamm für die Fleischfüllung benutzt, heute hingegen wird ebenso Rinder- oder Kalbshackfleisch verwendet. Lecker schmeckt Kube auch mit Gemüse- oder Pilzfüllung.

Wer keine Kube zubereiten kann, findet keinen Ehemann.

Syrisches Sprichwort

KURDISCHE KUBE MIT LAMMHACKFLEISCH
GEFÜLLTE BULGURKROKETTEN

115 g Bulgur
115 g Gries
100 g Hackfleisch
5–6 EL Wasser
500 g mageres Lamm- oder Rinderhackfleisch
1/2 TL Kumin (Kreuzkümmel)
2 EL Öl
2 Zwiebeln
50 g Pinienkerne
1/4 TL Zimt

Zuerst den Kubeteig zubereiten. Hierzu 100 g Hackfleisch zu einer glatten Farce pürieren und zur Seite stellen.

Bulgur mit kaltem Wasser abspülen und in einem Sieb gut abtropfen lassen. Bulgur, Gries und Fleischfarce zu einem festen Teig vermischen. Hält die Masse nicht zusammen, vorsichtig soviel Wasser hinzufügen, bis ein kompakter Teig entsteht. Im Kühlschrank eine Stunde kalt stellen.

In der Zwischenzeit das Fleisch für die Füllung in einer Küchenmaschine gut durcharbeiten. Zwiebeln schälen und kleinschneiden. Öl in einer Pfanne bei starker Flamme erhitzen und die Zwiebeln darin 3–4 Minuten anbräunen. Fleisch, Kumin und Zimt hinzufügen und unter ständigem Rühren weitere 10 Minuten anbraten, bis das Fleisch bräunt. Zum Schluß die Pinienkerne zur Mischung geben, umrühren und von der Flamme ziehen.

Teig aus dem Kühlschrank nehmen und 5 Minuten durchkneten. Die Hände mit kaltem Wasser anfeuchten. Ein walnußgroßes Stück zu einem kleinen Ball formen. Mit dem rechten Zeigefinger ein Loch in das Teigstück drücken und dabei mit der linken Hand die Teigmasse an den Zeigefinger drücken, so daß eine Art Fingerhut entsteht. Darauf achten, daß der Teig nicht reißt.

Einen Teelöffel der Fleischfüllung in die Öffnung drücken und vorsichtig mit Teig von den Seiten her schließen. Dabei die Ränder mit etwas Wasser anfeuchten und aneinanderdrücken. Den Teig zwischen den Händen rollen, bis eine Rolle entsteht. Den gesamten Teig und die Füllung zu Kube verarbeiten und auf eine Platte legen. Wiederum eine Stunde kalt stellen.

Öl in einer Pfanne auf großer Flamme sehr stark erhitzen. Die Kube vorsichtig einzeln hineingleiten lassen, am besten nicht mehr als vier Stück auf einmal. Die Kube von Zeit zu Zeit wenden und ca. 10 Minuten rundherum anbraten, bis sie von allen Seiten dunkelbraun und knusprig sind. Auf einem Küchenpapier abtropfen lassen. Heiß und mit verschiedenen Salaten als Beilage servieren.

Früchte aus der Alten Welt

Sieben Früchte symbolisierten den Reichtum des Landes Israel und Gottes Segen. Diese biblischen Früchte – Weizen, Gerste, Trauben, Feigen, Granatapfel, Oliven und Datteln – werden auch die »Sieben Arten« (Schewa Haminim) genannt und sind nach der Überlieferung ein Geschenk Gottes an sein Volk. »Denn der Ewige dein Gott bringt dich in ein schönes Land, ein Land der Wasserbäche, Quellen und Seen, die in der Ebene und im Gebirge entspringen; ein Land des Weizens und der Gerste, und des Weinstockes und des Feigenbaumes und der Granate; ein Land der Ölbeere und des Honigs« (5 Mose 8:7-8).

Das Neujahrsfest der Früchte, »Tu Bischwat«, wird am 15. des Monats Schewat gefeiert. Dieser Minifeiertag im jüdischen Festtagskalender ist dem Erwachen der Natur gewidmet, und der Frühlingsbeginn in Israel wird mit rituellem Bäumepflanzen begrüßt. Außerhalb Israels werden zur Feier des Tages Früchte gegessen, wie z.B. Datteln, Feigen und Zitrusfrüchte, die aus dem Heiligen Land stammen oder an es erinnern.

Motive mit der Darstellung der einzelnen Früchte finden sich überall. Sie schmücken Münzen, Säulen, Friese und Mosaike. Früchte prägen bis heute das Alltagsbild Israels, auch wenn die Anzahl der kultivierten Fruchtsorten die sieben ursprünglichen um ein Vielfaches übersteigt. Aufgrund des günstigen Klimas gedeihen neue Sorten wie Avocados, Kiwis, Mangos, Karambole, Litschis, Pampelmusen, Limquats, Orangen und Zitronen im Überfluß.

Weizen (Chitah)

führt die Reihe der sieben Früchte an. Das Ährengetreide gilt seit frühester Zeit als eine der wichtigsten Nahrungsquellen des Menschen, denn aus Weizenmehl wird das tägliche Brot gebacken. Zu Schawuot wurden die ersten reifen Weizenähren als Opfergabe in den Tempel von Jerusalem gebracht.

Gerste (Se'orah)

war und ist immer noch ein wichtiges Getreide in Israel. Da Gerste zum Wachsen weniger Wasser benötigt als Weizen, gedeiht das Getreide in trockeneren Gebieten, wie z.B. auf den wasserarmen Feldern des Negev. Es reift auch vor dem Weizen, damit beginnt die Ernte der Gerste bereits im Frühling, nach jüdischem Kalender im Monat Nissan. Während des Pessachfestes pilgerten die Juden zum Tempel in Jerusalem und brachten ihre Opfergabe dar. Die Maßeinheit für die Gerste hieß Omer. Nach dieser Maßeinheit werden vom zweiten Tag des Pessachfestes an die sogenannten »Omertage« gezählt, bis am 50. Tag das Schawuot-Fest beginnt. Brot aus Gerste wurde in biblischer Zeit aus Geschmacksgründen als »Brot des Armen Mannes« betrachtet.

Trauben (Gefen)

wurden im alten Israel bereits vor über 3000 Jahren kultiviert. Den Nachweis dafür liefert die Bibel. Demnach soll Noah den ersten Weinberg nach der Sintflut angelegt haben. Unzählige Male ist diese Rebe, wie sie von zwei Männern getragen wird, dargestellt worden. Sie symbolisiert den landwirtschaftlichen Reichtum und Überfluß des Landes Israel. Die Propheten schildern den Weinberg als Ort der Ruhe und des Friedens, wie die Vision des Propheten Micha belegt: "Und sitzen wird Jeglicher unter seinem Weinstocke und unter seinem Feigenbaume, und keiner stört, denn der Mund des Ewigen der Heerscharen hat geredet." (Micha 4:4)

Traube und Wein sind Symbole der Freude. Überall trifft man sie an: in Mosaiken, Türverzierungen von Synagogen, auf Gräbern, auf Krügen und Bechern und später auch auf Münzen. Die Weinrebe, die Frucht und Wein liefert, war stets wirtschaftlicher Bestandteil jüdischen Lebens.

Feigen (Te'enah)

und Feigenbäume gehören zum Bild der mediterranen Landschaft in Israel. Die breite Krone des Feigenbaums spendet Schatten, der im heißen Klima lebenswichtig ist. Die Früchte symbolisieren außerdem die Friedensvision, die in der Bibel mehrmals verkündet wird. »Und es wohnte Jehudah und Jisrael ruhig, jeder unter seinem Weinstock und unter seinem Feigenbaum...« (1 Könige 5:5).

Feigenbäume zählen zu den ältesten Bäumen im Mittelmeerraum. Ausgrabungen in Gezer haben getrocknete Feigen aus dem Neolithicum zu Tage gefördert. Bereits zu talmudischen Zeiten hatte die Feige wegen ihres hohen Nährwertes eine immense Bedeutung, in den alten Schriften finden sich über 70 verschiedene Bezeichnungen für Feigen. Feigen reifen während der heißesten Tage im Sommer und schmecken frisch wie getrocknet hervorragend. Nach alter Tradition werden die frisch geernteten, reifen Früchte auf Tüchern und Matten ausgebreitet auf den flachen Hausdächern getrocknet. Sie schrumpeln unter der Sonnenhitze bis auf die Hälfte ihrer Größe zusammen und gewinnen dabei ihre unnachahmliche Süße. Heute werden Feigenbäume hauptsächlich in der Türkei, Tunesien und Marokko kultiviert.

Der Granatapfel (Rimon)

die karminrote Frucht mit der harten Schale des Punica granatum, des Granatapfelbaumes, wird seit dem Altertum verehrt. Bereits der Dichter des Hohen Liedes besingt den Granatapfel in voller Bewunderung, allein sechsmal wird die Frucht erwähnt. Zu den schönsten Bildnissen, zu denen die Frucht herausgefordert hat, zählt der Vergleich der Geliebten mit einem Granatapfel: »Wie ein Purpurfaden deine Lippen und den Mund lieblich, wie einer Granate Hälfte deine Wange hinter deinem Schleier.« (Hohelied 4:3)

Die unzähligen Kerne in der Frucht symbolisieren Fruchtbarkeit. Deshalb werden Granatäpfel traditionell zu Rosch Haschana, dem Neujahrsfest, gereicht, in Erinnerung an Gottes Versprechen an Jakob, das Volk Israel vielzählig und stark werden zu lassen. Granatäpfel werden auch zur Verzierung der Sukka, der Laubhütte, verwandt, in der während des Laubhüttenfestes gespeist wird. Als dekoratives Element fand der Granatapfel vielfache Verbreitung: Er ziert Säulenkapitelle, Priestergewänder und Geldstücke.

Früher wurden die Kerne roh gegessen, zu Saft gepresst oder getrocknet und zu einer Art Rosinen verarbeitet. Der Farbstoff aus der Schale wurde zum Färben verwandt. Granatapfelsaft schmeckt erfrischend im Sommer, die aromatischen Kerne werden für Fruchtsalate und als Beilage in der sefardischen Küche verwendet.

Oliven (Zayit)

und Olivenbäume gehören seit alters her nicht nur in das Bild von Galiläa. Die Früchte des immergrünen Baumes genießen seit jeher symbolische Verehrung. In biblischen Zeiten wurden Priester und Könige mit Olivenöl gesalbt. Reines Olivenöl speiste die Menora, den siebenarmigen Leuchter im Tempel. Aus dem Holz wurden wertvolle Zepter und Hirtenstäbe gefertigt.

Der Zweig des Ölbaums gilt bis heute als Symbol des Friedens, nachdem Noahs Taube ihn als Beweis für das Ende der Sintflut im Schnabel trug. Der Ölbaum ist Teil des Staatswappens Israels, und seine tiefen Wurzeln symbolisieren die starke Beziehung des jüdischen Volkes mit dem Land Israel.

Oliven und Olivenöl sind fester Bestandteil der sefardischen Küche. Während im ostjüdischen Kulturraum Fette überwiegen in Form von Butter, Hühneroder Gänsefett verwendet wurden, waren im alten Israel Früchte und Öl des ergiebigen Olivenbaumes so wichtig wie Korn und Wein. Oliven wurden ausgepreßt oder in den unterschiedlichen Reifegraden eingelegt und damit konserviert. Das kaltgepreßte Olivenöl wurde zum Kochen, Backen, Braten und Frittieren benutzt. Darüber hinaus spielte das Öl in der Kosmetik, Medizin und als

Brennstoff für Lampen eine zentrale Rolle. Noch heute sind die Landschaften Israels von dichten Olivenhainen durchsetzt. Im Garten Gethsemane, am Fuß des Ölbergs in Jerusalem stehen 1000jährige Ölbäume, die wie im ganzen Mittelmeerraum zu den ältesten Bäumen zählen. Der Olivenbaum gedeiht auf kalkhaltigem Boden überall. Die Früchte sind sehr unterschiedlich: Es gibt grüne, rotgelbe, schwarze Oliven, längliche, runde, kleine und fast walnußgroße Sorten. Roh ungenießbar, sind sie konserviert dagegen eine Delikatesse. Die fleischigen Sorten liefern ein nur zweitklassiges, die kleinen Sorten dagegen ein gehaltvolles und im Geschmack edles Öl.

Datteln (Tamar)

waren der Grundstoff des süßen Honigs, den es bereits zu biblischer Zeit gab. Sie haben für das jüdische Ritual eine doppelte Bedeutung. Einerseits gehört der Zweig der Dattelpalme sowohl zu den »Sieben Arten« des Landes Israel, als auch zu den vier Arten, aus denen sich der Lulav, der Feststrauß des Laubhüttenfestes zusammensetzt.

Die Früchte der hohen Dattelpalme wachsen in dichten Büschen in der Nähe des Wipfels. Die süßen Datteln, die gegen Ende des Sommers reifen, werden frisch oder getrocknet verzehrt. Aus den Früchten wird heute noch ein wunderbarer Honig gewonnen. Auch das Baumholz ist vielfach verwendbar. Aus seinem Stamm werden Baumaterialien hergestellt, aus seinen Fasern dicke Seile und Taue gewunden. Die Palmzweige finden Verwendung für das Dach der Sukka, der festlichen Laubhütte. Sie muß aus Traditionsgründen unter freiem Himmel stehen und darf nicht geschlossen sein. Der Himmel muß sichtbar bleiben. Während des siebentägigen Laubhüttenfestes wird in der Sukka gespeist, und die es ganz genau nehmen, übernachten auch darin, wie es geschrieben steht: »In Hütten sollt ihr wohnen sieben Tage; alle Eingeborenen in Israel sollen wohnen in Hütten« (3 Mose 23:42) – in Erinnerung an die Wüstenwanderung nach der Befreiung aus Ägypten. Datteln wachsen nur im heißesten Klima. Um zu reifen und ihre spezifische Süße zu entwickeln, gedeihen sie in Israel am besten im Jericho-Tal und in den Ebenen der südlichen Küste. Es gibt auch Bergdatteln, deren Früchte jedoch nicht süß sind. Auch Dattelhonig läßt sich daraus nicht machen.

GEMÜSE & SALAT

צימעס

Zimmes

Zimmes ist ein langsam gekochter, süßer Eintopf, der aus Fleisch und Gemüse oder nur aus Gemüse und Früchten besteht und mit Zucker oder Honig gesüßt wird.

Das jiddische »Zimmes« kommt vom deutschen »Zummus«, was Mus, Kompott oder scharfes Gemüsegericht bedeutet. Die Speise entstand gegen Ende des Mittelalters in Deutschland, als Karotten in den Handel kamen, und gelangte von hier aus mit den Juden nach Osteuropa. Heute ist »Zimmes« ein Gericht aus glasierten Karotten. Verbreitet ist auch die Beigabe von Rosinen oder getrockneten Dörrpflaumen. Moderne Variationen reichern das Gemüsegericht mit Früchten wie Ananas oder Mango an. Unter den polnischen Juden waren Rezepte süß-scharfer Speisen sehr verbreitet.

»Zimmes« wird an Rosch Haschana, dem Neujahrsfest, gegessen. Zur Begrüßung des Neuen Jahres haben süße Gerichte und Honigspeisen eine besondere Bedeutung. Das »Süße« gilt als Verheißung des kommenden Jahres. Challa und Äpfel werden in Honig getaucht, es werden besondere Segenssprüche zitiert und süße Speisen wie Gefillte Fisch, Honigkuchen oder eben Zimmes, süße Gelbrüben, verzehrt. Die goldfarbenen Rüben gelten als Symbol göttlicher Verheißung, das jüdische Volk auch in Zukunft zu vermehren. Das jiddische »Mern« für Möhren bedeutet Vermehrung. In einer Art Wortspiel wurde das deutsche Wort Rübe mit dem Hebräischen »Ribbuy« gleichgesetzt, das ebenfalls Vermehrung bedeutet. Die Volkstradition setzt die goldgelben Karottentaler ihres Aussehens wegen mit Goldstücken gleich. So wurden sie zum Symbol für zukünftiges Glück und Wohlstand. Aus diesem Grund werden sie auch an anderen Feiertagen und am Schabbat gern verspeist.

Einen Zimmes daraus machen
Mit anderen Worten: Einen großen Aufwand betreiben

Jiddisches Sprichwort

ZIMMES
GLASIERTE KAROTTEN

8 große Karotten (750 g)
4 EL Öl
250 g Honig
4 EL brauner Zucker
1/2 TL Salz
1/2 TL gemahlener weißer Pfeffer

Karotten schälen und in dünne Scheiben schneiden. Öl in einem Topf erhitzen und die Karottenscheiben auf mittlerer Flamme unter ständigem Rühren 5 Minuten andünsten. Braunen Zucker hinzufügen, umrühren und mit Wasser auffüllen, bis die Karotten bedeckt sind. Wasser aufkochen lassen. Honig, Salz und Pfeffer hinzugeben und auf kleiner Flamme bei geschlossenem Topf 1 Stunde ziehen lassen, bis die Karotten gar sind. Bei Bedarf Wasser auffüllen, damit die Karotten nicht anbrennen. Ohne Deckel so lange bei kleiner Flamme weiterköcheln, bis alle Flüssigkeit verdampft ist und die Karotten glasiert sind.

VARIATION: ZIMMES MIT ROSINEN UND PFLAUMEN

8 große Karotten (750 g)
1/2 TL Salz
4 EL Öl
3 EL Honig
3 EL Rosinen
100 g getrocknete entkernte Pflaumen
1/2 TL Zimt

Karotten schälen und in dünne Scheiben schneiden. Öl in einem Topf erhitzen und die Karottenscheiben auf mittlerer Flamme unter ständigem Rühren 5 Minuten andünsten. Honig hinzufügen, umrühren und mit Wasser auffüllen, bis die Karotten bedeckt sind. Wasser aufkochen lassen, salzen und ca. 1 Stunde bei geschlossenem Deckel ziehen lassen. Darauf achten, daß die Karotten nicht anbrennen. Rosinen, Dörrpflaumen und Zimt hinzufügen und weitere 20 Minuten ziehen lassen, bis die Karotten gar sind. Ohne Deckel so lange weiterkochen, bis alle Flüssigkeit verdampft ist und die Karotten glasiert sind.

Variante: Zimmesauflauf mit Aprikosen

275 g Karotten
100 g Rohrzucker
1 El Öl
1 EL kleingeschnittene Orangenschale (ungespritzt)
100 ml Aprikosensaft
2 EL Margarine
200 g Aprikosen aus der Dose
1 EL Margarine für die Form

Karotten schälen, in Scheiben schneiden und 20 Minuten in Wasser weichkochen. Eine Auflaufform mit Margarine einfetten und die Karottenscheiben darin gleichmäßig verteilen. Die Aprikosen abtropfen lassen und auf die Karottenscheiben legen. In einer Pfanne Öl erhitzen und nach und nach Zucker, Orangenschale und Aprikosensaft hineingeben und zu Sirup einkochen. Margarine hinzufügen und umrühren, bis sie geschmolzen ist. Den Sirup über die Aprikosen schütten. Auf der mittleren Schiene im Ofen bei 160° C 1 Stunde backen. Heiß servieren.

קאשע

Kascha

Kascha ist ein Buchweizengericht. Das russische »Kascha« dient als Sammelbegriff für Getreide aller Art, wie z. B. Buchweizen, Hafer, Mais, Graupen und Reis. In Rußland zählt Kascha – mit Wasser, Milch oder Brühe gekocht – zu den ältesten und traditionsreichsten Speisen. Für Juden in Litauen, Polen und der Ukraine wurde Kascha zum Synonym für Buchweizengrütze, die wie Graupengerichte zur Hauptnahrung gehörte. Buchweizenkerne sind leicht zu kochen und haben einen wundervollen nussigen Geschmack. Die dreikantigen braun-glänzenden Früchte enthalten viel wertvolles Eiweiß, Kohlehydrate und Mineralstoffe. Man kann Buchweizen als geschälte, ganze Körner, als Mehl oder Grütze im Reformhaus oder im gut sortierten Supermarkt kaufen.

Am besten schmeckt Buchweizen, wenn man ihn vor dem Kochen anröstet. Er wird heute aber meist bereits geröstet verkauft. In traditionellen jüdischen Kochrezepten werden die Buchweizenkörner erst mit rohem Ei überzogen, damit sie beim Kochen nicht zusammenkleben. Kascha kann in Wasser oder Brühe gegart werden. Beliebt ist auch die Beigabe von frischen Pilzen.

Varnishkes

Gevalt! Vu nemt men?
Vu nemt men, vu nemt men –
a lokshenbret zu katshen di varnishkes?
on heyvn un on schmalts,
on fefer un on salts, –
oi, a lokshenbret zu katshen di varnishkes!

Gewalt, wo finde ich?
wo finde ich, wo finde ich –
ein Nudelbrett auszurollen die varnishkes?
hab keine Hefe und kein Schmalz
kein Pfeffer und kein Salz
oh weh, ein Nudelbrett
auszurollen die varnishkes!

(Jiddisches Volkslied)

Kascha
Buchweizengrütze

250 g frische Pilze (z.B. Steinpilze)
1 Zwiebel
1 TL Zitronensaft
3–4 EL Öl
200 g Buchweizenkörner
1 Ei
1/2 TL Salz
1/2 TL weißer Pfeffer
500 ml Wasser oder Brühe

Pilze waschen und vierteln, mit Zitronensaft beträufeln. Zwiebel schälen und kleinhacken. Öl in einer Pfanne erhitzen und die Zwiebel darin 5 Minuten andünsten, bis sie glasig ist. Pilze hinzufügen und auf kleiner Flamme 5 Minuten anbraten. Beiseite stellen.

Das Ei mit der Gabel gut verquirlen. Kascha in eine Schüssel geben und mit dem Ei vermischen. Wenn die Körner sorgfältig mit Ei überzogen sind, die Kascha in einen schweren Topf mit Deckel geben. Mit Salz und Pfeffer würzen. Den Topf auf eine große Flamme stellen und die Kascha unter ständigem Rühren 3–5 Minuten kochen, bis sich die Körner trennen.

Den Topf vom Feuer nehmen, mit Wasser oder Brühe aufgießen und die Zwiebel-Pilz-Mischung hinzufügen. Gut durchrühren und auf kleiner Flamme zugedeckt 10 Minuten quellen lassen. Die Kascha durchrühren und weitere 5 Minuten köcheln lassen bis die gesamte Flüssigkeit aufgesogen ist.

VARIATION: KASHA VARNISHKES

Ein ganz berühmtes Gericht ist Kasha Varnishkes, eine Spezialität der Juden in der Ukraine. Der jiddische Begriff »Varnishkes« stammt vom russischen »Vareniki« und hat sich zum Sammelbegriff für gefüllte Teigtaschen entwickelt. In der Ukraine war es üblich, Varnishkes mit Kasha und Pilzen zu füllen. Die Füllung kann jedoch aus den unterschiedlichsten Zutaten bestehen. So erwähnt der bekannte jiddische Schriftsteller Mendele Moicher Sforim, daß an Chanukka Teigtaschen mit Käsefüllung, also »milchige Varnishkes«, sehr beliebt waren. Genauso gut schmecken sie aber auch in einer »fleischigen Version« mit Gänseschmalz oder Grieben zubereitet und mit pürierten Kartoffeln oder Pilzen gefüllt.

Kascha Varnishkes
Teigtaschen mit Buchweizenfüllung

Für die Teigtaschen:
200 g Mehl
1 Ei
2 EL Wasser
1/2 TL Salz
1 Rezept Kascha mit Pilzen

Das Mehl auf ein Brett sieben und in der Mitte eine Mulde bilden. Ei, Wasser und Salz hineingeben und vermischen, bis der Teig sich zu einer Kugel formt. Evtl. Wasser oder Mehl nachgeben, bis der Teig glatt und elastisch ist (auch in der Küchenmaschine möglich). Etwa 10 Minuten mit den Handballen gut durchkneten. Dann den Teig rollen, mit Frischhaltefolie umwickeln und im Kühlschrank 1 Stunde ruhen lassen.

Den Teig auf einer bemehlten Unterlage so dünn wie möglich ausrollen und etwa 30 Minuten trocknen lassen. Mit Hilfe eines bemehlten Wasserglases Kreise von ca. 7 cm Durchmesser ausstechen. In die Mitte jeweils einen Teelöffel Kasha-Pilz-Füllung geben und umklappen. Die Ränder mit einer Gabel fest zusammendrücken. 2–3 l Salzwasser zum Kochen bringen und die Kasha Varnishkes hineingeben. Flamme verringern und ca. 15 Minuten kochen lassen. In ein Sieb geben und abtropfen lassen. Heiß als Beilage servieren oder kurz in Butter schwenken und mit Gemüse und Sauerrahm servieren.

EXPRESSVERSION: KASCHA VARNISHKES

Sehr beliebt ist die schnelle Version der Kasha Varnishkes. Dazu werden Kascha und Muschelnudeln zu gleichen Teilen abgewogen und in getrennten Töpfen in Salzwasser oder Brühe nach Anweisung gekocht. Am besten eignen sich italienische Öhrchennudeln (Orecchiette) oder Kravatten-Nudeln. Die Nudeln bißfest kochen. 5 Minuten, bevor die Kascha gut ist, mit den abgetropften Nudeln vermengen und zusammen weitere 5 Minuten garen. Heiß servieren!

לאַטקעס

Latkes

Latkes sind dünne Pfannkuchen, die traditionell von den osteuropäischen Juden aus geriebenen Kartoffeln zubereitet werden. Sie entsprechen den Reibekuchen der deutschen Küche. Latkes ist die jiddische Verkleinerungsform des Polnischen »Latki« für Reibekuchen und heißt übersetzt soviel wie »kleine Flickerl«. Im 19. Jahrhundert setzten sich Kartoffeln als Grundnahrungsmittel auch in Osteuropa endgültig durch. Nachdem sie im 16. Jahrhundert in den Hochtälern der Anden entdeckt wurden und sich anschließend rasch in Europa verbreiteten, nahmen die ost-europäischen Bauern sie zunächst nur widerwillig an. Die Iren hatten als erste erkannt, daß sich der Kartoffelanbau lohnt. Kartoffeln erwiesen sich nicht nur als äußerst preiswert und nahrhaft, sondern – im Gegensatz zu Getreide – als ergiebig und in kurzer Zeit erntereif.

Das Knollengemüse galt als kulinarische Entdeckung. Kartoffeln sind bekanntlich reich an Kohlehydraten und zahlreichen Mineralien sowie Vitamin C. Fehlende Vitamine, das wissen wir heute, wurden durch den sinnvollen Zusatz von Milch ausgeglichen, einem weiteren festen Bestandteil der polnischen, litauischen und jüdischen Küche. Kartoffelgerichte bilden in ihrer Vielfalt bis heute die Grundlage der deutschen und osteuropäischen Küchentradition.

Latkes, in Öl ausgebackene Kartoffelpfannkuchen, werden traditionell im Dezember an Chanukka zur Erinnerung an die Rückeroberung des Tempels in Jerusalem durch die Makkabäer im Jahre 165 v.u.Z. gegessen.

Nach der Entweihung des Tempels durch die Griechen – so berichten die jüdischen Religionsquellen – befand sich in einem unversehrten Gefäß noch reines Öl für einen Tag. Damit zündeten die siegreichen Makkabäer die Chanukkia, den achtarmigen Leuchter im Tempel an, und siehe – oh Wunder –, das Öl reichte für acht Tage, in denen die Priester den Tempel reinigten und neues reines Olivenöl für die Tempelzeremonien produzieren konnten.

In Erinnerung an das Ölwunder werden zu Chanukka acht Lichter angezündet, am ersten Abend eines und dann jeden Abend ein weiteres bis zum Schluß acht Lichter brennen. In der Küche wird des Ölwunders mit in Öl ausgebackenen Speisen gedacht. Aschkenasische Juden essen Latkes, in Öl ausgebackene Krapfen, und Sefarden feiern mit Frittiertem in Sirup.

LATKES
REIBEKUCHEN
2 große Kartoffeln
2 EL Mazzemehl oder weißes Mehl
1 Ei
1/2 TL Salz
1/2 TL gemahlener weißer Pfeffer
4 EL Öl zum Braten

Das Ei in einer Schüssel schlagen. Kartoffeln schälen, waschen und auf einer Handreibe oder im elektrischen Reibeaufsatz grob raspeln.

Die Kartoffelmasse in einem Sieb oder Leinenbeutel ausdrücken. Sofort das geschlagene Ei hinzufügen und verrühren, damit die Masse nicht schwarz wird. Mazzemehl dazugeben und gut vermengen, mit Salz und Pfeffer würzen. Einen Teil des Öls in einer Pfanne erhitzen. Wenn das Öl ganz heiß ist, mit dem Eßlöffel aus der Kartoffelmasse kleine Portionen entnehmen. Diese vorsichtig mit einem Löffel im Öl flachdrücken und einige Minuten ausbacken lassen. Sind die Plätzchen goldbraun, vorsichtig umdrehen und solange ausbacken, bis die andere Seite auch goldbraun ist. Aus der Pfanne heben und auf Küchenpapier legen, damit das überschüssige Öl aufgesaugt wird. Warmstellen. So fortfahren, bis die Kartoffelmasse verbraucht ist. Heiß servieren, am besten mit Apfelmus oder saurer Sahne.

Tip: Etwas Zitronensaft verhindert das unschöne Verfärben der geriebenen Kartoffeln. Wer Latkes würziger mag, mengt eine geriebene Zwiebel unter die Kartoffelmasse.

לבנה

Labané

Labané zählt zu den einfachen, aber erfrischenden Leckerbissen arabisch-jüdischer Küche. Die Bezeichnung geht auf das arabische »laban« zurück, ein dickflüssiges Milchprodukt von säuerlichem Geschmack. Gleichzeitig steht »laban« für »weiß«, der Farbe von Milch und Milcherzeugnissen. Hiervon leitet sich »Lebben« ab, die Bezeichnung für Joghurt im Hebräischen.

Der samtweiche Frischkäse, der überall im Nahen Osten aus Schafs-, Ziegen- oder Kuhmilch-Joghurt hergestellt wird, ist biblischen Ursprungs. Die Kunst, saure Milch in ein neues, wertvolles Nahrungsmittel zu verwandeln, wurde unter den Viehzüchtern im alten Palästina von Generation zu Generation weitergegeben. Die abgemolkene Milch der Schafe, Ziegen und Kühe wurde in Schläuche aus gegerbter, gut verpichter Ziegenhaut abgefüllt. Der fette Rahm wurde abgeschöpft und zu Butter weiterverabeitet. Milch ließ sich jedoch in den heißen Gebieten nicht lange kühl halten und wurde rasch zu einer säuerlichen Dickmilch. Was bei Wein zur Katastrophe wird, erweist sich bei saurer Milch durchaus als kulinarischer Gewinn. Die bekömmliche Dickmilch läßt sich in Joghurt und Frischkäse von cremig-glatter Konsistenz verwandeln.

Labané aus Schafs-, Ziegen- oder Kuhmilchjoghurt paßt sowohl zu süßen wie zu scharfen Speisen. In der sefardischen Küche spielt Labané eine große Rolle beim Verfeinern nicht-fleischiger Mahlzeiten, ähnlich wie der Sauerrahm in der ostjüdischen Küche. Der aus Joghurt gewonnene Frischkäse ist reich an Eiweiß, Mineralstoffen und Vitaminen. Zu Kugeln geformt, hält er sich in gewürztem Olivenöl eingelegt einen längeren Zeitraum frisch. Inzwischen ist er in vielen orientalischen Lebensmittelläden erhältlich. Labané läßt sich nach folgendem Rezept auch leicht selbst herstellen.

LABANÉ
HAUSGEMACHTER FRISCHKÄSE

900 ml Biojoghurt
1 TL Meersalz
Olivenöl (kaltgepreßt)
frische Petersilie (oder gehackte Minze)

Ein sauberes, dünnes Geschirrhandtuch oder ein durchlässiges Musselintuch mit kaltem Wasser befeuchten und ein Haar- oder Gemüsesieb damit auslegen. Joghurt mit Salz mischen und ins Sieb gießen. Die überlappenden Enden des Tuchs darüberschlagen und über Nacht an einem kühlen Ort abtropfen lassen. Die kompakte Frischkäsemasse in eine Schüssel füllen und mit Olivenöl und Petersilie oder gehackter frischer Minze abschmecken. Aus dem gut abgetropften Frischkäse lassen sich auch leicht Käsekugeln herstellen. Dazu kleine Portionen abstechen und mit den Händen zu Bällchen formen. Nach Belieben mit Olivenöl und Kräutern bestreuen.

Tip: Eisgekühlt mit frisch geröstetem Pita- oder kernigem Schwarzbrot schmeckt Labané am besten.

סלט ירקות

Israelischer Salat

Diese Spezialität aus Israel ist Teil des Kibbuzfrühstücks, das die Kibbuzmitglieder nach anstrengender Feldarbeit zu sich nehmen. Auch in der israelischen Armee gehört der kleingewürfelte Salat aus frischen Tomaten, gemischt mit hocharomatischen Gurken- und Paprikastückchen zu den Mahlzeiten. Viele Stunden verbringen Soldaten im Küchendienst damit, die Gemüse in Handarbeit kleinzuschneiden. Israelischer Salat wird mit Löffeln oder Gabeln gegessen oder direkt in Pitataschen gefüllt. Und wer in Israel im Restaurant Salat bestellt, erhält in der Regel nicht grünen, sondern das ganze Jahr über Israelischen Salat. Aufgrund der günstigen klimatischen Bedingungen gedeihen Tomaten, Gurken und Paprika besonders gut und werden mehrfach im Jahr geerntet. Allein die Auswahl der Tomatensorten ist beachtlich: es gibt runde, ovale, längliche, aber auch Kirsch- und Fleischtomaten. Für Israelischen Salat eignen sich längliche Eiertomaten oder Oliventomaten und kleine Gartentomaten, die im Sommer auf den Bauernmärkten und bei türkischen Gemüsehändlern erhältlich sind.

Im Gegensatz zu Schlangengurken aus dem Treibhaus haben die kleinen, länglichen Gartengurken einen weitaus intensiveren Geschmack.

Israelischer Salat wird mit Olivenöl angemacht und als Vorspeise oder als Beilage zu Huhn und Fleisch mit Pitabrot verzehrt. In vielen Familien kommt Israelischer Salat schon auf den Frühstückstisch. Dazu kann jedes beliebige frische Gemüse verwendet werden. Tomaten und Gurken sind jedoch ein »Muß«. Die Gemüse werden in der Regel in kleine Würfel von etwa 6 mm Kantenlänge geschnitten.

ISRAELISCHER SALAT
GEMISCHTER TOMATEN-GURKEN-SALAT

2 große reife Tomaten
1 große oder zwei kleine Gemüsegurken
1 grüne Paprikaschote
1 Zwiebel
4 EL gehackte Petersilie
2–3 EL Olivenöl
Saft einer Zitrone
Salz
frisch gemahlener schwarzer Pfeffer
frische Minzeblätter

Zwiebel schälen und feinhacken. Die restlichen Gemüse waschen und putzen. Gurken schälen. Alle Gemüse in kleine Würfel von 10 mm Kantenlänge schneiden und zusammen mit der gehackten Petersilie in einer Schüssel mischen. Mit Olivenöl und Zitronensaft beträufeln, nach Geschmack pfeffern und salzen und erneut durchmischen. Mit einigen frischen Minzeblättern garnieren.

Tip: Der Salat schmeckt am besten frisch zubereitet und hält sich höchstens einen Tag im Kühlschrank!

קנרסים

Artischocken jüdische Art

Die Vorliebe der sefardischen Juden für Gemüse ist im ganzen Mittelmeerraum bekannt. Besonders mögen sie schmackhafte Sorten wie Artischocken und Auberginen. Die Araber brachten die Artischocken nach Europa und so auch ins maurische Spanien. Durch die Vertreibung der Juden 1492 aus Spanien gelangten Artischocken-Gerichte nach Italien. Rom ist die älteste jüdische Gemeinde in der westlichen Welt. »Artischocken jüdische Art« ist eine berühmte Zubereitungsart dieser Spezialität, in Italien wird sie »Carciofi à la giudea« genannt.

Heute finden sich Varianten der »Carciofi à la giudea« in Frankreich, Italien, Spanien, Amerika und im Maghreb. In Marokko werden zum Beispiel Artischocken mit Mandeln und Ingwer zubereitet oder als Salat mit Orangen kalt als Zwischengericht gereicht.

Eine weitere sefardische Variante sind »Carciofi à la romana«, also »Artischocken römische Art«. Meist werden sie mit viel Knoblauch und frischer Minze angerichtet. In der Regel werden für die Gerichte kleine und junge Artischocken verwendet, die noch kein »Heu« im Innern gebildet haben und deren Blätter elastisch sind.

Artischocken sind gesund und das ganze Jahr über erhältlich. Die edle Distel hat einen feinherben, zartbitteren Geschmack und übt durch den Bitterstoff Cynarin eine wohltuende Wirkung auf Magen, Galle und Leber aus. Artischocken gibt es in verschiedenen Größen. Während die großen, dunkelgrün gefärbten meist aus Frankreich stammen, variieren die kleinen, jungen Sorten von hell- bis violettgrün. Artischocken sind kalorienarm, reich an Mineralstoffen und Spurenelementen.

Die für das Rezept geeignete kleine Artischocke bekommt man beim italienischen Gemüsehändler oder im Supermarkt. Auch große, bretonische Artischocken können verwendet werden, wenn man die harten Blätter, Stengel und das »Heu« im Innern entfernt.

ARTISCHOCKEN JÜDISCHE ART

12 kleine, junge Artischocken
Saft von 2–3 Zitronen
1/8 l kaltgepreßtes Olivenöl
4–5 Stengel großblättrige Petersilie
eine Handvoll frische Basilikumblätter
1 TL Salz
frisch gemahlener schwarzer Pfeffer
6–8 Knoblauchzehen
Mazzemehl
Olivenöl zum Braten

Alle harten und welken Blätter und Blattspitzen der Artischocken entfernen. Die Stengel schälen und auf 5 cm Länge zurückschneiden. Die vorbereiteten Artischocken in eine Schüssel geben, Zitronensaft dazufügen und mit Wasser auffüllen, bis die Artischocken ganz bedeckt sind. Beiseite stellen. Inzwischen Olivenöl, feingehackte Petersilien- und Basilikumblätter und zerstoßene Knoblauchzehen in einer Schüssel mischen und mit Salz und Pfeffer abschmecken. Artischocken abgießen, abtropfen und mit Küchenkrepp trockentupfen. Die Artischocken auf einer Arbeitsplatte mit der Spitze plattdrücken, damit sich die Blätter öffnen. Mit einem Löffel die ölige Kräutermischung zwischen die Blätter füllen und im Mazzemehl wenden.

Den Boden einer Kasserolle ca. 3 mm hoch mit Olivenöl bedecken und bei mittlerer Hitze erwärmen. Die Artischocken dazugeben und langsam erhitzen. Zugedeckt bei mittlerer Temperatur 25–30 Minuten braten, bis sie weich und goldbraun sind. Vor dem Servieren mit Olivenöl beträufeln und mit frischer Petersilie oder Basilikum dekorieren.

Tip: Anstelle von Mazzemehl können auch Semmelbrösel verwendet werden.

VARIANTE: ARTISCHOCKEN RÖMISCHE ART

12 kleine, junge Artischocken
Saft von 2–3 Zitronen
8 Knoblauchzehen
3 EL Semmelbrösel
3–4 EL kaltgepreßtes Olivenöl
1/8 l kaltgepreßtes Olivenöl
1 TL Salz
1/2 Bund frische Nana-Minze
1 Tl Salz

Artischocken wie oben beschrieben putzen und in Zitronenwasser einlegen. Abtropfen lassen und trockentupfen. Minzeblätter von den Stengeln zupfen, waschen, kleinhacken und in eine Schüssel geben. Knoblauchzehen mit Salz zerstoßen und zusammen mit den Semmelbröseln vermischen. Soviel Olivenöl dazugeben, bis eine weiche Masse entsteht. 5–10 Minuten quellen lassen. Mit einem Teelöffel die Kräutermasse zwischen die Blätter füllen. In einer breiten Kasserolle etwas Wasser und die 3–4 EL Olivenöl sanft erhitzen.

Die Artischocken kopfüber dicht an dicht nebeneinander in den Sud schichten. Eventuell Wasser zugeben, bis alle Artischocken bedeckt sind. Auf kleiner Flamme in ca. 30 Minuten garen. Nach der Hälfte der Kochzeit Artischocken umdrehen, damit auch die Böden weich werden. Sowie die Böden weich sind, Artischocken herausnehmen und auf einer Platte anrichten.

Artischocken können warm oder kalt gegessen werden.

Tip: Anstelle von Wasser kann auch ein trockener Weißwein verwendet werden.

פלפל

Falafel

Falafel ist eine Spezialität aus Kichererbsenmus. Der Name Falafel oder Felafel setzt sich im Hebräischen aus denselben Buchstaben zusammen wie das Wort Pfeffer, das »Pilpel« ausgesprochen wird. Im Arabischen heißt das Kichererbsengericht »Falafil«, was vom pfeffrig-scharfen Geschmack der Speise herrührt. »Pilpel«, also Pfeffer, wiederum stammt wahrscheinlich vom Indischen »pipali« ab. Im Griechischen heißt Pfeffer »perperi«, im Lateinischen »piper« und im Aramäischen, der Alltagssprache des Orients im Altertum, »pipela«. Falafel kann aus Kichererbsenmus, aber auch aus einer Mischung von Kichererbsen, Bulgur oder Ful bestehen, einer nahrhaften Hülsenfrucht.

Kichererbsen müssen wie Linsen und Bohnen über Nacht in Wasser eingeweicht werden. Etwas Natron oder Backpulver, das vor dem Kochen weggeschüttet wird, erhöht den Effekt. Schmackhafte Kichererbsenrezepte gibt es in vielen Varianten. Aus den gekochten fleischfarbenen Erbsen werden sowohl Suppen, Beilagen als auch kleine frittierte Snacks zubereitet, die in Israel, Ägypten, Algerien, Tunesien und Marokko als Gaumenschmeichler sehr geschätzt sind.

Falafel hat in Israel den Rang eines Nationalgerichts und wird im Gegensatz zur ägyptischen Variante rein mit Kichererbsenmus zubereitet. Falafel wird in den Gar- und Schnellküchen überall angeboten. Die dicke Paste wird aus gekochten und pürierten Kichererbsen hergestellt. Die israelischen Bällchen sind im Gegensatz zur dunkel ausgebackenen, ägyptischen Variante goldbraun und rund. Fertige Falafel-Mischungen gibt es inzwischen auch im Handel. Falafel wird als Snack genossen und in der Regel zusammen mit Israelischem Salat und Sesamsoße (Techina) in eine Pitatasche gefüllt. Das zur Zubereitung notwendige Burghul (oder Bulgur) gibt es auch bei uns in griechischen und türkischen Lebensmittelläden, im Bioladen oder den Bioabteilungen großer Supermärkte. Burghul oder Bulgur läßt sich durch Mazzemehl oder Semmelbrösel ersetzen. Ganz Eilige fragen in koscheren Geschäften nach Fertigpackungen oder tiefgefrorenen Falafel.

FALAFEL
FRITTIERTE KICHERERBSENBÄLLCHEN

175 g getrocknete Kichererbsen
1 TL Natron (Backpulver)
1 Scheibe Weißbrot ohne Rinde
3–4 Knoblauchzehen
2 EL frische gehackte Petersilie
45 g Mazze-, Semmelmehl oder Bulgur
1 EL gemahlener Koriander
1 EL gemahlener Kreuzkümmel
1/2 TL Cayenne-Pfeffer
1 TL Salz
Pflanzenöl zum Frittieren

Die über Nacht eingeweichten Kichererbsen abgießen und unter fließendem Wasser abspülen. Ohne Salz in ausreichend Wasser ca. 1–1½ Std. weich kochen. Im Mixer in kleinen Portionen nach und nach zu einer mittelfeinen Paste pürieren und in eine große Schüssel geben. Weißbrot in Wasser einweichen, ausdrücken. Knoblauch schälen, hacken und mit dem Messerrücken unter Zugabe von 1 TL Salz zerdrücken. Mazzemehl (Semmelbrösel oder kalt gespülter, abgetropfter Bulgur) und restliche Zutaten mit der Kichererbsenmasse vermengen. 30 Minuten im Kühlschrank kalt stellen.

Öl in einer tiefen Kasserolle oder Fritteuse heiß machen (ca. 180° C). Mit feuchten Händen aus der Kichererbsenmasse walnußgroße Bällchen formen und in 2–3 Minuten goldbraun backen. Mit dem Schaumlöffel herausnehmen, auf Küchenpapier abtropfen lassen und warmstellen. Falafel schmeckt am besten warm in Pitabrot mit Israelischem Salat und Techina oder einem scharfen Dip.

Tip: Zu den krossen Bällchen paßt die Sesamsoße Techina (siehe Rezept Hummus und Techina)

VARIANTE: EXPREß-FALAFEL

90 g Falafel-Fertigmix
100 ml Wasser
Pflanzenöl zum Ausbacken

Falafel-Mix mit Wasser in einer Schüssel anrühren und 10 Minuten quellen lassen, bis das Wasser aufgesogen ist. Mit feuchten Händen 15–20 walnußgroße Bällchen formen und im heißen Öl knusprig backen. Auf Küchenpapier abtropfen lassen und heiß servieren.

Tip: Noch schneller geht es mit fertigen tiefgefrorenen Falafelbällchen vom koscheren Metzger. Sie können sofort im heißen Fett ausgebacken werden.

אבוקדו

Avocadocrème

Ursprünglich stammen Avocados aus Mittel- und Südamerika. Die grünen, bir-
nenförmigen Früchte zählen zu den ältesten Fruchtsorten, die wir kennen. Es
gibt über 400 Sorten, aber nur wenige davon finden ihren Weg in unsere Supermärkte. Die Farbe der Schale variiert von hell- über dunkelgrün bis fast schwarz.
Für Israel sind Avocados neue Früchte, sie gedeihen im Mittelmeerklima besonders gut. Reich an Vitaminen, Mineralstoffen, Eiweiß und leicht verdaulichem
Pflanzenfett haben sich die gesunden Früchte rasch rund um den ganzen Globus
verbreitet. Avocados sind seit dem Altertum begehrt und werden als Öllieferan-
ten für die Speisezubereitung, zur Schönheitspflege und als Basis für Salben und
Cremes verwendet. Die Butterfrüchte, wie sie auch genannt werden, sind erst
dann eßreif, wenn sie auf Fingerdruck nachgeben. Sie schmecken sahnig-mild
und leicht nach Nüssen. Für unreife Früchte gibt es einen Trick: In Zeitungspa-
pier eingewickelt reifen sie an einem warmen Ort schnell nach. In der Regel werden sie süß oder salzig-pikant zubereitet. In der jüdisch-arabischen Küche werden die grünen, nahrhaften Früchte auf vielfältigste Weise verwendet. Während
amerikanische Juden vor einer süßen Zubereitung der Avocados z.B. mit Früchten und Beeren nicht zurückschrecken, wäre diese Vorspeise für orientalische
Juden wenig verlockend.

AVOCADOCRÈME

3 große, reife Avocados
2 Tomaten
1 kleine Zwiebel
1 kleine grüne Peperoni
1 TL Zitronensaft
1 EL Olivenöl
1 EL gehackte Petersilie
Salz
frisch gemahlener, schwarzer Pfeffer

Mit einem Suppenlöffel das butterweiche Fleisch aus den halbierten Schalen lösen und mit einer Gabel zerdrücken. Tomaten kurz mit heißem Wasser über-brühen, häuten und fein würfeln. Zwiebel schälen und feinhacken. Die Peperoni entkernen und sehr fein schneiden. Die Zutaten gut mit dem zerdrückten Fruchtfleisch vermengen. Zitronensaft, Olivenöl und die gehackte Petersilie zufügen. Mit Salz und Pfeffer abschmecken.

Tip: Als Brotaufstrich oder Dip schmeckt Avocadocreme lecker zu Pita, Schwarzbrot oder Mazze.

חצילים

Auberginenkaviar

Auberginen, im Hebräischen und Arabischen »Chazilim« genannt, brachten die Araber im frühen Mittelalter von Indien nach Europa. Durch die Vertreibung der Juden in Spanien und Süditalien Ende des 15. Jahrhunderts gelangten Auberginen in die nordeuropäischen Länder. Die dunkel rotviolett glänzenden, länglichen Früchte werden in der jüdischen Balkanküche und in Israel über alle Maßen geschätzt.

Auberginen gibt es das ganze Jahr. Das cremefarbene Fleisch enthält viele Vitamine und wenig Kalorien. Auberginen sind roh ungenießbar, dafür lassen sie sich hervorragend grillen, kochen, schmoren und ausbacken. Sie werden auf sehr vielfältige Art zubereitet: im Ganzen gegart oder in Scheiben geschnitten, gesalzen und von den Bitterstoffen befreit. Durch Kochen in Salzwasser verliert das Gemüse jedoch an Geschmack.

Klassisch ist die Zubereitung von Auberginenmus als fleischlose Variante von »Gehackter Leber«. Auch »Auberginen-Kaviar« ist eine bekannte Zubereitungsweise. Sie stammt aus Rumänien und ist als leichte Balkanvorspeise möglicherweise nicht jüdischen Ursprungs.

In der Türkei sind gefüllte Auberginen ein begehrtes Schabbatgericht.

Die marokkanischen Juden reichen am Schabbat frittierte Auberginenscheiben als Vorspeise mit Zitronenstückchen, Kreuzkümmel und Knoblauch. Auberginenkaviar zählt zu den verbreitetsten Rezepten. Er wird in Griechenland, Ägypten, Marokko und Israel gleichermaßen geschätzt.

AUBERGINENKAVIAR

2 große Zwiebeln
2 mittelgroße Auberginen
2 hartgekochte Eier
1 EL Zitronensaft
Salz
3 EL Olivenöl

Zwiebeln schälen, kleinhacken und mit 2 EL Olivenöl anbraten. Die in dünne Scheiben geschnittenen Auberginen dazugeben. Einen weiteren EL Olivenöl dazufügen und 10 Minuten garen. Abgekühlt zusammen mit den gekochten Eiern im Mixer pürieren. In einer Schüssel anrichten, mit Zitronensaft, Salz und schwarzem Pfeffer abschmecken.

Tip: Wer in Scheiben geschnittene Auberginen fettärmer braten möchte, bestreut die Scheiben mit Salz und läßt sie 10 Minuten ziehen. Anschließend wird die Aubergine mit kaltem Wasser abgespült, mit Küchenkrepp abgetupft und sparsam in Mehl gewendet. So nehmen Auberginenscheiben beim Braten weniger Fett auf.

VARIANTE: TÜRKISCHES AUBERGINENMUS

2 mittelgroße Auberginen (ca. 500 g)
3 Knoblauchzehen
1 EL Zitronensaft
4 EL Olivenöl
3 EL glatte Petersilie
Salz, Pfeffer

Ganze Auberginen kalt abspülen und ca. 45 Minuten im Backofen bei 220–225° C auf mittlerer Schiene backen, bis die Haut schwarz und das Innere butterweich ist. (Garprobe mit einem Holzspieß in der Nähe des Stiels machen). Abkühlen lassen, Haut entfernen und zusammen mit den geschälten Knoblauchzehen sehr fein hacken oder im Mixer pürieren. Sofort den Zitronensaft darübergeben, sonst wird die Masse dunkel. Mit Olivenöl, Salz und Pfeffer abschmecken und mit kleingehackter, glatter Petersilie dekorieren.

Tip: Dazu schmeckt besonders gut getoastete Pita.

VARIANTE: MAROKKANISCHES AUBERGINENGEMÜSE

1 kg Auberginen
1 große, rote Paprikaschote
2 Knoblauchzehen
1/2 ungespritzte Zitrone
1 TL gemahlener Kreuzkümmel
1 TL Salz
frisch gemahlener, schwarzer Pfeffer
3 EL glatte, gehackte Petersilie
300 ml Erdnußöl zum Ausbacken

Die gewaschene ganze Paprikaschote im Backofen ca. 30 Minuten bei 200 °C garen. In der Zwischenzeit Auberginen waschen und längs schälen. Dabei jeweils einen Hautstreifen überspringen, so daß ein Streifenmuster entsteht. Dann nehmen auch nur die geschälten Teile Fett auf. Auberginen in 1 cm dicke Scheiben schneiden und im heißen Fett ausbacken. Mit dem Schaumlöffel herausnehmen und auf Küchenpapier von beiden Seiten abtropfen lassen. Haut und Kerne der gegarten Paprikaschote entfernen. Auberginenscheiben und Paprikafilets in 1,5 cm große Stücke hacken. Knoblauch fein hacken, Zitronenschale in kleine Stücke schneiden und auf einem großen Teller anrichten. Mit Salz, Pfeffer und Kreuzkümmel abschmecken. Mit gehackter, glatter Petersilie bestreuen. Kalt servieren.

Tip: »Berengena frita« heißt die judeo-spanische Variante der in Öl frittierten Aubergine. Dafür werden ungesalzene, in 1 cm dicke Scheiben geschnittene Auberginen vor dem Braten in geschlagenes Ei getunkt, im heißen Öl ausgebacken und anschließend gesalzen.

חומוס וטחינה

Hummus und Techina

Hummus oder Chumuß ist die hebräische bzw. arabische Bezeichnung von Kichererbsen. Bereits der Talmud erwähnt »Chimza«, die Kichererbse, die im arabischen Sprachraum »Homos« heißt. Hummus ist in Israel ein beliebter Appetizer, der aus Kichererbsenmus hergestellt wird. Kichererbsen werden im Mittelmeerraum und in der neuen Welt geschätzt und sind seit Jahrhunderten wichtiger Bestandteil der arabisch-jüdischen Küche. Kichererbsen machen satt und sind ein hochkarätiger Proteinlieferant. Wie Linsen und Bohnen müssen auch Kichererbsen über Nacht in Wasser eingelegt werden, am besten unter Zugabe von etwas Natron oder Backpulver, das vor dem Kochen weggeschüttet wird, damit sie weich kochen. Mit einem Schuß Olivenöl und gehackter Petersilie wird Hummus stets als Teil der klassischen arabischen Vorspeise Mezze gereicht, die aus vielen kleinen Schälchen mit verschiedenen Appetizern besteht. Hummus gibt es auch als Fertigprodukt in Dosen. Hummus, in größeren Portionen zubereitet, hält sich als Paste gut 5 Tage im Kühlschrank. Die zugesetzten Gewürzmischungen sind vielfältig. Man kann die Schärfe nach Belieben auf den eigenen Geschmack abstimmen.

Kichererbsengerichte haben sich auch in der polnischen Küche durchgesetzt. Sie werden am ersten Schabbatabend nach der Geburt eines Sohnes im Familien- und Freundeskreis angeboten, um damit das Neugeborene zu begrüßen. Diese Tradition des »Schalom Sachar« wird heute kaum noch gepflegt. Der Brauch geht auf die Kabbala zurück und soll das Kind schützen. Dabei sind die runden Kichererbsen Sinnbild für Kontinuität und Leben »ohne Ende«. Die weichgekochten Kichererbsen werden dann mit Salz, Zucker und Honig gesüßt.

Hummus und Techina sind ein leckeres Pärchen, das zusammen auf den Tisch kommt. Für Techina, gesprochen Tchina, der sämigen Paste aus Sesamsamen, gibt es viele Namen. Die sandfarbene Crème ist auch unter den Bezeichnungen Tachini, Techina oder arabisch Tachina bekannt. Techina meint im Hebräischen »Gemahlenes«. Im kulinarischen Zusammenhang bedeutet Techina ausschließlich pürierter Sesam, der im Hebräischen wiederum »Sumsum« heißt. Techina ist eine Art orientalischer Mayonnaise, die zu Fleisch, Fisch und Gemüse paßt. Die öligen Samen lassen sich vielfältig verwerten. Die Pflanze, die in Indien, China, den Mittelmeerländern, Afrika und Amerika angebaut wird, liefert ein hellgelbes, angenehm schmeckendes Öl mit hohem Anteil an wertvoller Linolsäure. Sesamsamen verfeinern Brot und Gebäck und bilden die

Basis von Chalwa, einer im ganzen nahöstlichen Raum hochgeschätzten Süßigkeit. Pürierte Samen schmecken als würziger Dip zu gegrilltem Lamm, Fisch oder Geflügel.

HUMMUS
KICHERERBSENMUS

450 g getrocknete Kichererbsen
(oder 2 Dosen vorgekochte Kichererbsen)
1 TL Natron oder Backpulver
Salz
4–6 Knoblauchzehen
60 ml Zitronensaft
60 ml Techina (Sesampaste)
Olivenöl
frische Petersilie

Die über Nacht in Wasser mit 1 TL Natron oder Backpulver eingeweichten Kichererbsen abgießen und sorgsam abspülen.

Mit frischem Wasser aufsetzen und in 1½–2 Stunden weichkochen. 1 TL Salz zufügen und weitere 30 Minuten köcheln. Abgießen und etwas Kochflüssigkeit aufheben. Gekochte Kichererbsen oder abgetropfte Dosenerbsen durch ein mittelfeines Sieb pressen und die Schalen wegwerfen. Knoblauch schälen, salzen und mit der Breitseite eines großen Messers zerdrücken. Kichererbsen und Knoblauch im Mixer mit Zitronensaft, Techina (Sesampaste) und einer Prise Cayennepfeffer in 2–3 Portionen fein pürieren. Das Püree muß glatt und cremig sein. Falls es zu fest gerät, etwas Kochflüssigkeit zusetzen. Hummus in eine Schüssel füllen und bis zum Verzehr kaltstellen. Zum Anrichten auf kleine Glasteller füllen, mit Olivenöl beträufeln und mit gehackter Petersilie dekorieren.

TECHINA
SESAMSAUCE

125 g Sesamsamen
1/8 l frisch gepreßter Zitronensaft
2 Knoblauchzehen
Salz
Cayennepfeffer
Wasser

Sesamsamen in den Mixer geben und soviel Zitronensaft und Wasser hinzufügen, bis eine homogene Masse entsteht. Geschälte und mit der Breitseite des
Messers und etwas Salz zerdrückte Knoblauchzehen dazugeben und weiter-
pürieren. Mit Cayennepfeffer abschmecken und als Vorspeise mit Oliven und
Pita oder Baguette servieren.

Tip: Techina läßt sich leicht aus Konzentrat herstellen.

Das Brot aufs Korn genommen

Seit etwa 3000 Jahren wird in den besiedelten Teilen der Welt Hirse und Gerste angebaut. Brot wurde aus vollem oder gemahlenem Korn gebacken, der Teig mit Kräutern oder Früchten vermengt. Zwei entscheidende Entdeckungen revolutionierten die Brotbäckerei: Weizenmehl steigerte die Qualität des Brotes, es schmeckte einfach besser, und der Teig konnte durch Gärung zum »Gehen« gebracht werden. So entstanden die ersten wohlschmeckenden Fladenbrote in Ägypten, von dort verbreitete sich die Kultur des lockeren Fladenbrotes rasch. Viele alte Brotsorten haben sich in der jüdischen Küche erhalten. »Pita« zum Beispiel wird seit biblischer Zeit mit Mehl, Wasser und Salz gebacken. Die israelische Spezialität dient auch als Brottasche zum Füllen.

Das erste biblische Brot »Man« oder »Manna« fiel bekanntlich vom Himmel. Eigentlich kein Brot im strengen Sinn, sondern eher klebriger, kalorienreicher Proviant für die 40 Jahre währende Wanderschaft durch die Wüste.

In den nachfolgenden Jahrhunderten haben sich die Juden bei der Wahl der Brotsorten ihrer Umgebung angepaßt. Im osteuropäischen Schtetl war dunkles Brot die tägliche Kost. Jüdische Einwanderer führten das Roggenbrot in Amerika ein. Ein populärer Werbespot lautete: »Man muß nicht jüdisch sein, um Roggenbrot zu essen.« Im Orient hingegen steht das Fladenbrot, die Pita, an erster Stelle, klein, rund und auch im »Taschenformat« gebacken. Im Irak heißt der Fladen »Laffa« und ist im Gegensatz zu Pita, groß, rund und weich.

Zu vielen Anlässen und an Feiertagen werden besondere Brote aufgetischt. Zum Schabbat gehören geflochtene Challes oder Berches; zu Rosch Haschana, dem Neujahrsfest, werden die Hefezöpfe in eine runde Form gebracht und mit Sesam, Mohn oder mit Zucker und Mandelstückchen bestreut.

Die jemenitischen Juden haben eine ganze Reihe von Festtagsbroten. So wird zum Beispiel am Schabbat traditionell »Kubaneh«, ein süßes Brot verspeist. Diese flachen Hefekuchen ruhen über Nacht in einer gut gefetteten Pfanne. Am Schabbat sind sie nach der Synagoge ein Hochgenuß.

Während des Pessachfestes werden »Mazzes«, ungesäuerte Brotscheiben, gegessen. Sie sind dünn und knusprig und erinnern an Knäckebrot. Pessach beginnt mit einem abendlichen Festessen, dem Seder, der gemeinsam mit Verwandten und Freunden in großer Tischrunde gefeiert wird.

Früher hatte jede größere jüdische Gemeinde ihre eigene Mazzebäckerei. Heute übernehmen das Versandbäckereien wie z.B. die amerikanische Firma Manischewitz. Mazze, allerdings ohne Koscher-Zertifikat, gibt es in Deutschand in gutsortierten Supermärkten.

Brot ist von Haus aus koscher, denn es besteht aus Getreide. Alles, was wächst, ist koscher und parve, das heißt weder fleischig noch milchig, sondern neutral. Jede Art von Pflanze ist koscher. Ob Gras, Getreide, Baum, Strauch oder

Kraut, jede Frucht, auch Gemüse, Blumen, Samen, Wurzeln oder Nüsse können unbedenklich verzehrt werden.

Strenggläubige Gruppen wie die Lubavitscher Chassidim legen Wert darauf, daß auch das Brot »Pat Yisrael« ist, d.h. von Juden oder unter jüdischer Aufsicht gebacken wird. Damit soll sichergestellt werden, daß alle Zutaten den religiösen Speisegesetzen entsprechen und das »Gebot der Challa«, der Teighebe, eingehalten wurde. Dieses Gebot wurde den Juden in Palästina beim Brotbacken auferlegt und verpflichtete sie, einen Teil des Brotteigs als göttlichen Dankbarkeitsbeweis »abzuzweigen«. Auch ein Teil der ersten Getreideernte mußte den Tempelpriestern übergeben werden. Seit der Zerstörung des Tempels in Jerusalem und dem Ende der Abgaben an die Priesterkaste, legen Rabbiner die Ausübung des Gebotes der Challa fest: Beim Backen muß ein Stück vom Teig abtrennt und verbrannt werden.

Bis heute zweigen strenggläubige jüdische Bäcker und Hausfrauen beim Brotbacken ein kleines Stück vom frischen Hefeteig ab und werfen es in den Ofen oder ins Feuer.

Das Gebot der »Teighebe« ist eines der drei wichtigsten Gesetze, die zu den Pflichten einer jeden Hausfrau gehören, ebenso wie das Entzünden der Kerzen vor Beginn des Schabbats und die Einhaltung der Reinheitsgesetze. Damit ruht auf jeder Familie »Schechina«, die göttliche Anwesenheit.

Ob ein Brot tatsächlich »koscher« ist, hängt von den Zutaten ab. Wurden nichtkoschere Fette oder Milchprodukte zugesetzt, ist das Brot im ersteren Fall nicht mehr koscher, im zweiten nicht mehr parve. Um sicher zu gehen, erkundigen sich orthodoxe Juden beim Bäcker »um die Ecke«. Alle dunklen Brotsorten, wie Schwarz-, Bauern-, Roggen- und Roggenmischbrote sowie das türkische Fladenbrot bestehen in Deutschland in der Regel nur aus Mehl, Hefe und Wasser und gelten deshalb der Deutschen Rabbinerkonferenz als koscher. In Frankreich gilt das Baguette als koscher und wird von strenggläubigen Juden gegessen, wenn es nicht mit Fett bestrichen wurde (non moulé). Anders in England, wo es üblich ist, die Backbleche mit tierischen Fetten einzuölen, weshalb der englische Oberrabbiner nur den Verzehr von Brot aus koscheren Bäckereien erlaubt.

Bei abgepacktem Brot kommt es noch stärker auf die Zutaten an. Die meisten der verwendeten Emulgatoren, die Brot über Tage frisch halten, stehen im Verdacht, nichtkoschere Fettanteile zu beinhalten. Die Deutsche Rabbinerkonferenz führt eine detaillierte Koscherliste, in der alle koscheren Brotprodukte genannt sind.

Koscher sind demnach Produkte der Firmen Delba, Pema und Mestemacher, Knäckebrot der Firma Lieken, Wasa und Eyvita, die keine Milchprodukte enthalten. Koschere Sorten führt auch der Discounter Aldi: Roggenmischbrot, Korngesund, Original Roggenbrot der Marke Griesinger, Hirtenbrot von Bärbrot und Rheinisches Vollkornbrot von Zimmermann.

BROT & TEIGWAREN

חלה

Challa

»Challa«, Mehrzahl »Challes« in Jiddisch oder »Challot« in Hebräisch, sind feine Hefebrote mit Mohn- oder Sesamsamen bestreut. Die beiden für jedes Schabbat- und Feiertagsessen benötigten Brote bestehen heute meist aus kunstvoll geflochtenen, zarten Eierzöpfen.

Im deutschen Sprachraum hießen die Schabbatbrote von alters her »Berches« oder »Barches«, in Osteuropa »Challe«. Die erste Erwähnung dieses Namens für das Schabbatbrot stammt aus dem 15. Jahrhundert. Das häusliche Festgebäck kann mit Mohn, Sesam oder in einer süßen Version mit Zucker bestreut sein. Erst spät hat sich die charakteristische Form des geflochtenen Zopfes durchgesetzt, den man heute Challa nennt. In den osteuropäischen Familien wurden die Hefebrote bereits am Donnerstagabend, dem Vorabend des Schabbats, gebacken.

Challa wird je nach Anlaß in verschiedenen Formen und Größen zubereitet. An Rosch Haschana werden zum Beispiel überwiegend rundliche Challes gebacken, als Symbol für die Kontinuität des Lebens, die man sich für das neue Jahr wünscht.

Challa hat in der Zusammensetzung und Zubereitung viel Ähnlichkeit mit unseren Hefezöpfen und anderen Hefe-Eier-Gebäcksorten. Es duftet herrlich und erinnert ebenso an französische Brioches.

Challa wird vor dem Backen in Zopfform gebracht. Für ein Zopfbrot braucht man lange, dünne Teigstränge, die ineinanderverschlungen werden. Es können bis zu sechs Stränge sein, die kunstvoll miteinander verflochten werden. In manchen Familien legt man sogar auf einen gewundenen Zopf einen zweiten kleinen. Die schönsten Zöpfe entstehen durch zwei sehr lange Zopfstränge, die mittig gekreuzt übereinandergelegt, in der Mitte geknickt und zum viersträngigen Zopf geflochten werden.

Wie viele andere jüdische Gerichte dient Challa dazu, Körper und Geist zu befriedigen. Geruch und Geschmack der selbstgebackenen Hefezöpfe nach altjüdischem Rezept sind eine Delikatesse.

Di ganze Chale geht aweg auf a mozi.

Das gesamte Brot wird mit einem Segensspruch verzehrt.
Mit anderen Worten: Bei einem Geschäft verschlingen die Ausgaben den
ganzen Gewinn.

Jüdisches Sprichwort

CHALLA
HEFEZOPF

500 g Weizenmehl (Type 405)
1/8 l lauwarmes Wasser
45 g frische Hefe
2 TL Zucker
1 TL Salz
2 Eier
5 EL Pflanzenöl
1 Eigelb zum Bestreichen
4 EL Mohnsamen

Hefe mit einem Teelöffel Zucker in lauwarmem Wasser auflösen und fünf Minuten stehen lassen. Mehl mit Salz in eine Schüssel sieben. Eier verquirlen und mit
dem restlichen Zucker, Öl und der aufgelösten Hefe dazugeben und rasch mit
den Knethaken zu einem elastischen Teig verarbeiten, der nicht kleben darf. Den
Teig zur Kugel formen, in eine Schüssel legen und zugedeckt an einem warmen
Ort gehen lassen (ca. 1 Stunde). Der Teig sollte sich in dieser Zeit verdoppeln.
Für eine große Challa 1/3 des Teiges für den Zopf abtrennen. Aus 2/3 der Teigmasse ein ovales Brot formen und auf ein geöltes Backblech oder auf Backpapier
legen. Aus dem restlichen Teig zwei lange Stränge formen und in U-Form bringen, so daß vier lose Enden entstehen. Diese werden zum Zopf geflochten und
auf das große Brot aufgedrückt. Erneut mit einem Tuch bedecken und am warmen Ort gehen lassen, bis sich das Volumen verdoppelt hat. Den Zopf mit Eigelb
bepinseln und mit Mohnsamen bestreuen. Im vorgeheizten Ofen bei 180–220°
C 45 Minuten goldbraun backen. Vor dem Verzehr 1–2 Stunden ruhen lassen.

Tip: Zwei oder mehrere kleine Brote formen. Wird das Brot nicht zu einer fleischigen Mahlzeit genossen, kann anstelle von Pflanzenöl auch Butter und anstelle von Wasser Milch verwendet werden. Das Hefebrot wird dann noch zarter im
Geschmack.

פיתה

Pita

»Pita« geht auf das aramäische Wort für Brot zurück. In biblischen Zeiten stand »Pita« ebenfalls für Brot, und bis heute heißt die Brotscheibe im Hebräischen »Pat«. Zweifelhaft ist allerdings, ob das moderne hebräische »Pita« von der biblischen Bezeichnung herrührt oder eher mittelalterlichen, italienischen Ursprungs ist. Möglicherweise gelangte die runde Pita im 16. Jahrhundert aus Italien zu den sefardischen Juden nach Saloniki. Dabei ging auch die Bezeichnung Pita in die Sprache der sefardischen Juden, ins Judezmo oder Ladino, ein.

Ursprünglich ist Pita oder auch Pitah ein mit Hefe gebackenes Fladenbrot. Der kleine, runde Fladen wurde entweder als Tasche aufgeschlitzt oder in kleinen Stücken in nahrhafte Suppen getunkt. Die älteste Kombination dieses von den Nomaden mit hoher Kunstfertigkeit zubereiteten Brotes ist Pita mit gestoßenem Kichererbsenbrei (Hummus), also Falafel mit Sesamsoße (Techina). Und mit Sicherheit delektierten sich bereits Jesus und seine Jünger an den leckeren vegetarischen Teigtaschen. Bis heute wird die Tradition des einfachen schmackhaften Brotes in Nordafrika und in Israel gepflegt.

Pita hat in Israel praktisch die Funktion des französischen Baguette. Es wird zum Essen gereicht und in Garküchen und im Schnellimbiß als gefüllte Brottasche mit Falafel oder Gyros angeboten.

Wie in alten Zeiten werden für Pita nur Mehl, Wasser, Salz und Öl zu einem Teig vermengt. Aus diesem Teig formen Beduinenfrauen hauchdünne Fladen, eine Kunst, die sehr viel Geschick erfordert. Pita wurde in der Ursprungsform auf heiße Steine gelegt und mit glühender Asche bedeckt. Pita gibt es in den meisten Supermärkten zu kaufen. Zum Verzehr wird das Fladenbrot getoastet, gegrillt oder aufgebacken.

PITA
FLADENBROT

20 g frische Hefe
1/2 TL Zucker
1/4 l lauwarmes Wasser
500 g Mehl (Type 405)
1/2 TL Salz
1 EL Olivenöl

Mehl in eine Schüssel sieben, Olivenöl und Salz hinzufügen. Hefe und Zucker in der Hälfte der lauwarmen Wassermenge auflösen und zum Mehl geben. Gut vermengen und soviel vom restlichen Wasser zufügen, bis ein glatter Teig entsteht. 10 Minuten mit den Händen kräftig durchkneten oder mit dem elektrischen Knethaken zu einem elastischen, glatten Teig verarbeiten und zugedeckt 60 Minuten an einem warmen Ort gehen lassen. Dann den Teig wieder kräftig mit den Handballen kneten und in 8 Portionen teilen und zugedeckt 30 Minuten gehen lassen. Die Teigkugeln auf einer bemehlten Fläche dünn ausrollen und mit 5 cm Abstand auf gefettete Backbleche verteilen. Nochmals gehen lassen (30 Minuten) und im vorgeheizten Backofen bei 220° C ca. 15 Minuten goldbraun backen. Die noch heißen Fladenbrote einzeln in Alufolie einschlagen und auskühlen lassen. Da die Brote innen hohl sind, lassen sie sich wie eine Tasche aufschneiden und nach Belieben füllen oder in kleine mundgerechte Streifen schneiden.

Tip: Unter Beigabe einer Prise von reinem Vitamin C (aus der Apotheke) läßt sich die Gehzeit des Teiges um die Hälfte reduzieren.

VARIANTE: SESAM-PITA

500 g Mehl (Type 1050)
1 TL Salz
1 EL Trockenhefe
1 TL Zucker
375 ml lauwarmes Wasser
Sesamsamen

Mehl und Salz in einer Schüssel gut vermischen. Hefe mit Zucker und 125 ml Wasser in einer kleinen Schüssel auflösen und 5 Minuten stehen lassen, bis sich Blasen an der Oberfläche bilden. Das restliche lauwarme Wasser unter die Hefemischung rühren und nach und nach mit dem Mehl vermengen, bis ein geschmeidiger Teig entsteht. Falls der Teig zu trocken gerät, ein bis zwei Eßlöffel lauwarmes Wasser zufügen. Den Teig zur Kugel formen, in eine mit Öl gefettete Schüssel legen und wenden, bis er rundherum eingeölt ist. Mit einem feuchten Tuch oder Klarsichtfolie abdecken und an einem warmen Ort gehen lassen, bis sich sein Volumen verdoppelt hat. Den Teig anschließend auf einer bemehlten Arbeitsplatte mit den Handballen fünf Minuten kneten, zu einer Rolle formen und in 12 Stücke schneiden. Wieder zu einzelnen Kugeln formen und auf einem bemehlten Backbrett zugedeckt nochmals 30 Minuten gehen lassen. Die aufgegangenen Kugeln in Sesamsamen wälzen und zu dünnen Platten von 12 cm Durchmesser ausrollen. Den Backofen auf 220 °C vorheizen und die Teigfladen auf zwei bemehlten Backblechen auslegen. Die Pitabrote drei bis fünf Minuten backen, bis sie hellbraun und knusprig sind. Warm stellen und sofort servieren.

בייגעל

Bagels

»Beigel« stammt aus dem Jiddischen und bedeutet ursprünglich Kringel. Die alte Bezeichnung wird aber auch mit dem deutschen Wort »Beugel«, für Ring oder Armband, oder dem österreichischen »Buegel« für Steigbügel in Verbindung gebracht. Die als Glücksbringer verehrten Kringel wurden 1610 erstmals urkundlich erwähnt. Bis heute gehören Bagels zu den Klassikern der »Arme-Leute-Küche«. Und wer schon einmal in New York war, der weiß, was echte Bagels sind: runde, glatte Hefekringel mit einer kreisrunden Öffnung in der Mitte und von etwas zäher Konsistenz. Sie stammen aus Polen und gelangten mit den osteuropäischen Juden in die amerikanische Metropole. Von dort aus verbreitete sich die leckere Backspezialität in den 50er Jahren über den nordamerikanischen Kontinent. Inzwischen haben die krossen Kringel Kultstatus erreicht. In Form und Größe ähneln sie den amerikanischen Doughnuts, sind jedoch nicht süß, sondern mit Mohn, Sesam, gerösteten Zwiebeln oder einfach nur mit Salz bestreut. Bagels sind seit jeher kreisrund und symbolisieren die Kontinuität des Lebens und die Unendlichkeit des Universums. In den Schtetls Osteuropas gehörten Bagels zum Alltag. In Polen wurden die handgroßen Hefekringel zum Beispiel wie deutsche Laugenbrezeln in großen Körben von Straßenhändlern backfrisch feilgeboten. Die Urahnen unserer Pastrami-Sandwiches, Pitas, Kebabs und Hamburger wurden von Handwerkern wie Schulkindern heiß begehrt.

Bagels haben nichts an Attraktivität eingebüßt. Sie sind preiswert und schmecken einfach gut. In New York, London, Paris, Jerusalem oder Berlin werden die aus glutenreichem Weißmehl gebackenen, goldbraunen Kringel nach den verschiedensten Rezepten und Mehlsorten hergestellt. In Delishops und Cafés ist die Auswahl am größten. Auch in Deutschland finden die knusprigen Hefekringel immer mehr Anhänger. Bagels machen süchtig, behaupten die Fans des Fastfood-Klassikers.

Die Herstellung von Bagels ist nicht ganz einfach und erklärt vielleicht, warum die bei uns erhältlichen Hefekringel eher schlappen Weißmehlbrötchen ähneln als den knusprigen Originalen.

Zum Essen wird der Bagel waagrecht aufgeschnitten und getoasted. Danach üppig mit Philadelphia-Frischkäse bestrichen und Räucherlachsscheiben belegt. Nach Belieben lassen sich Bagels mit Dillzweigen, Tomaten oder Blattsalat dekorieren.

Bagels werden erst gekocht und dann gebacken. Sie erfordern etwas Übung, die sich im Hinblick auf den kulinarischen Genuß jedoch bezahlt macht.

Frischgebackene Bagels lassen sich mit allem füllen, was gerade im Kühlschrank vorhanden ist: Pastrami (geräucherter Kalbsschinken), Hühnchenfleisch, Gemüsefrikadellen oder einfach nur knackfrischer Salat. Die beliebteste und berühmteste aller Bagelzubereitungen ist und bleibt der jüdische Klassiker »Lox and Bagel«, für dessen Zubereitung nur die besten Bagels, vorzugsweise die selbstgemachten, geeignet sind. Das Gericht ist eine wunderbare Zwischenmahlzeit, eignet sich für Partys und läßt sich selbst im Büro ohne Aufwand zubereiten.

As men esst auf dem bejgel, bleibt in keschene dus loch.
Ist der Beigel einmal verzehrt, bleibt einem das Loch (in der Tasche) übrig.

Erscht fun dem driten bejgel wert men sat.
Erst vom dritten Bagel wird man satt.

Jiddische Sprichworte

BAGEL
HEFEKRINGEL
(12 Stück)

400 g Mehl (Type 405)
4 EL Pflanzenöl
2 Eier
1/8 l lauwarmes Wasser
20 g frische Hefe
1/2 TL Salz
2 EL Zucker
1 Eigelb zum Bestreichen der Bagels
Grobes Salz, Mohnkörner, Sesamsamen zum Dekorieren

Am besten gelingt der Hefeteig, wenn alle Zutaten Zimmertemperatur haben. Frische Hefe mit einem Teelöffel Zucker und wenig lauwarmem Wasser auflösen. Mehl, Salz und den restlichen Zucker in einer großen Schüssel gut vermischen und in die Mitte eine Mulde drücken. Aufgelöste Hefe, verquirlte Eier, Pflanzenöl und Wasser hineingeben und von der Mitte aus vermischen. Sowie sich eine zusammenhängende Masse gebildet hat, den Teig tüchtig mit den Händen kneten und zu einer Kugel formen. Mit den Handballen weitere 5–8 Minuten auf einem bemehlten Backbrett kneten. Wieder zu einer Kugel formen, in die Schüssel zurücklegen, zudecken und 20 Minuten bei Zimmertemperatur (mindestens 20° C) gehen lassen. Erneut kräftig durchkneten. Den Teig in 12 gleiche Teile schneiden, zu Kugeln formen und auf dem bemehlten Backbrett zu 15 cm langen und ca. 2 cm dicken Rollen formen. Die Enden jeweils zusammendrücken, so daß Ringe entstehen. Die Bagels mit ausreichendem Abstand auf ein mit Mehl bestäubtes Tablett legen, mit einem Tuch abdecken und nochmals bei Zimmertemperatur 20 Minuten aufgehen lassen.

In der Zwischenzeit 3–4 l schwach gesalzenes Wasser in einem breiten, großen Topf zum Kochen bringen. Alle Bagels auf einmal hineingeben und sanft köcheln lassen, bis sie aufsteigen. Mit einem Schaumlöffel herausnehmen, abtropfen lassen und auf ein gut gefettetes Backblech legen. Mit verdünntem Eigelb bepinseln und nach Belieben mit Salz, Sesam oder Mohnkörnern bestreuen.

Im vorgeheizten Backofen bei ca. 220° C 10–15 Minuten leicht goldbraun backen.

VARIANTE: VOLLKORN-BAGELS
(15 Stück)

450 g Dinkelmehl
50 g Speisestärke
1 Päckchen Trocken-Hefe
3 TL brauner Zucker
1 TL Salz
300 ml lauwarmes Wasser
1–2 Eigelb zum Bepinseln
Sesamsamen, Mohnkörner, grobes Salz, zerdrückter Knoblauch,
feingehackte Zwiebeln nach Belieben

Mehl und Speisestärke in eine Rührschüssel sieben. Trockenhefe, Zucker, Salz und das lauwarme Wasser dazugeben. Mit dem Handrührgerät oder einem Knethaken in ca. 5–8 Minuten zu einem glatten Teig verarbeiten. Zugedeckt an einem warmen Ort aufs Doppelte aufgehen lassen. Den Teig auf einer bemehlten Arbeitsfläche nochmals mit den Handballen kräftig durchkneten. Die Masse in ca. 60 g schwere Portionen teilen und zu Kugeln formen. Mit dem bemehlten Zeigefinger jede Kugel mittig bis zur Arbeitsfläche durchdrücken und die Öffnung mit kreisenden Bewegungen vergrößern, bis die Öffnung etwa 1/3 des Gesamtdurchmessers ausmacht. So erhält man Bagels ohne Nahtstelle.

Die Bagels mit ausreichend Abstand auf ein mit Mehl bestäubtes Tablett legen, mit einem Tuch abdecken und etwa 10 Minuten an einem warmen Ort gehen lassen.

In der Zwischenzeit in einem großen weiten Topf 3–4 l leicht gesalzenes Wasser zum Kochen bringen und die Hitze regulieren, bis es köchelt. Mehrere Bagels auf einmal hineingeben – sie sollten sich nicht berühren – und ca. 15 Minuten köcheln lassen, bis sich die Bagels aufblähen. Den Topf dabei nicht abdecken.

Die Bagels mit einem Schaumlöffel aus dem Wasser fischen, abtropfen lassen und sofort auf ein gut gefettetes Backblech legen. Mit verdünntem Eigelb bestreichen und mit Sesam, Mohn, Salz, Zwiebeln oder Knoblauch bestreuen. Im vorgeheizten Backofen bei ca. 220° C 20–25 Minuten goldgelb backen. Während der letzten Backminuten die Bagels im Ofen beobachten, sie dürfen keine zu dunkle und damit harte Kruste haben.

Tip: Der »Gehvorgang« des Hefeteigs läßt sich beschleunigen. Dazu der aufgelösten Hefe eine Messerspitze reines Vitamin C zusetzen.

VARIANTE: LOX UND BAGELS

4 frische Sesambagels vom Bäcker oder hausgemacht
Butter zum Bestreichen
200 g Doppelrahm Frischkäse
200 g Räucherlachs in Scheiben
frischer Dill
1 Zitrone
frisch gemahlener, schwarzer Pfeffer

Bagels mit einem Brotmesser halbieren und antoasten. Die Innenseiten buttern, üppig mit Frischkäse bestreichen und mit dünnen Räucherlachsscheiben belegen. Mit feinen Dillzweigen dekorieren und mit Zitronensaft beträufeln. Schwarzen, frisch gemahlenen Pfeffer darübergeben und die Bagelhälften wieder aufeinanderlegen.

Tip: Wer im Supermarkt fertige Bagels kauft, sollte auf das Datum achten. Nur tagesfrische Bagels schmecken!

קוסקוס

Couscous

Couscous ist eine Spezialität aus Weizengrieß und das bekannteste Gericht Nordafrikas. In der jüdischen Küche Algeriens und Tunesiens wird Couscous als Festgericht am Freitagabend, zu Beginn des Schabbats serviert. An den jeweiligen Feiertagen gibt es Varianten von Couscousgerichten. So wird zum Abschlußessen vor Fastenbeginn am Jom Kippur Couscous mit Huhn gegessen. Zu Rosch Haschana gibt es mild gewürzten Couscous mit Süßkartoffeln, gelben Rosinen und Quitten.

Früher war die Zubereitung von Couscous mit großem Zeitaufwand verbunden. Zur Herstellung der feinen bzw. groben Kügelchen wurde Weizengrieß befeuchtet, in Salz und Öl getaucht und dann immer wieder in die Luft geworfen. Bis vor kurzem gehörten die sefardischen Frauen, die vor ihren Häusern mit Couscous-Schüsseln und -Sieben hantierten, zum typischen Bild israelischer Städte. Heutzutage geht die Zubereitung des Couscous mit den bereits vorbehandelten, und daher schnellkochenden Couscous-Sorten leichter. Dabei wird der Qualität des Couscous nach Meinung der Fachleute kein Abbruch getan.

Da das Rezeptrepertoire orientalischer Juden sich mit den kulinarischen Präferenzen der im Nahen Osten lebenden Muslime nahezu deckt, ist es nicht verwunderlich, daß sich Couscous in allen seinen Varianten auch auf dem Speisezettel vieler im Maghreb lebenden Juden findet. Couscous ist ein wichtiges Grundnahrungsmittel in Israel und gehört wie Pasta in Italien zum täglichen Mahl. »Couscous« bezeichnet sowohl verschiedene gekochte Gerichte, die ursprünglich von den Berbern stammen, wie auch den Weizengrieß an sich. Das traditionelle Kochgeschirr für die Zubereitung von Couscous ist der sogenannte Couscoussier. Dieser hohe Topf wurde traditionell aus Blech oder Aluminium hergestellt. Heute gibt es jedoch haltbare Modelle aus rostfreiem Stahl. Ein Couscoussier besteht aus drei Teilen: aus einem großen, tiefen Suppentopf, einem siebartigen Dampfeinsatz und einem Deckel. Während im unteren Teil Gemüse und Fleisch garen, quillt im oberen Teil der Weizengrieß, bis er weich, locker und körnig ist. Im Alltag hat es sich bewährt, Couscous auch auf schnelle und einfache Art separat zu garen, und zu Gemüse, Lamm und Geflügel zu reichen.

COUSCOUS MIT KORIANDERHUHN

1 frisches Huhn (ca. 1,5 kg)
750 g Couscous mittlerer Körnung
2 Navets, ersatzweise Teltower Rübchen
1 kg Muskatkürbis
500 g Karotten
500 g Zucchini
500 g Gemüsezwiebeln
200 g Mandeln
100 g kernlose Rosinen
4 EL Erdnußöl
2 EL frisches gehacktes Korianderkraut
1/2 TL Kurkuma (Gelbwurz)
1 TL schwarzer Pfeffer
2 EL Salz

Das Huhn in einem Topf mit Wasser bedecken und aufsetzen. Kurkuma, Pfeffer und 1 EL Salz zugeben und 40–45 Minuten weichköcheln, herausnehmen und in Portionen schneiden. Beiseite stellen. Zwiebeln schälen und wie Äpfel in Schnitze schneiden. Navets und Karotten waschen und schälen; Zucchini waschen und wie Navets und Karotten in mundgerechte Würfel schneiden. Gemüse und das Korianderkraut in die Hühnerbrühe geben und 20 Minuten köcheln lassen. Nach 10 Minuten die Hühnerteile zugeben. Couscous nach Packungsanweisung zubereiten und auf einer Platte anrichten. Mandeln mit heißem Wasser übergießen und schälen. Zusammen mit den Rosinen in einer Pfanne anrösten und über den Couscous geben. Hähnchenteile und Gemüse mit Brühe separat servieren.

קרעפלך

Kreplach

Das Wort Kreplach stammt vom französischen Wort »Crêpe« und ist die jiddische Verkleinerungsform, die soviel wie »kleine Crêpe« oder »kleiner Pfannkuchen« bedeutet. Der Form nach ist der Kreplach jedoch eine kleine, gefüllte Teigtasche. Kreplach werden – wie italienische Teigtaschen – in Brühe gekocht, während französische Crêpes als Pfannkuchen ausgebacken werden. Jiddische Namen französischen Ursprungs kommen aus dem frühen Mittelalter, als es zahlreiche jüdische Gemeinden im Rheinland gab, das damals zu Frankreich gehörte.

Gefüllte Teigwaren sind weltweit ein Leckerbissen. Die deutsche Küche hat ihre Maultaschen, in China gibt es Wonton, in Italien Ravioli, und die jüdische Küche besitzt mit ihren Kreplach eine besondere Delikatesse.

Die Teigtaschen lassen sich mit den verschiedensten Zutaten füllen. Zu den beliebtesten gehören Rinderhackfleisch, Hühnerfleisch, gebratene Leber, Kartoffeln und Pilze sowie Käsefüllungen.

An drei speziellen Feiertagen werden mit Hackfleisch gefüllte Kreplach in Hühnerbrühe gegessen: an Purim, vor Beginn von Jom Kippur, dem höchsten jüdischen Feiertag, und an Hoschana Rabba, dem siebten Tag des Laubhüttenfestes. Die Aschkenasim führen die Kreplach-Tradition auf den geheimnisvollen Charakter der Feiertage zurück. Der tiefere Gehalt der Festtage bleibt verborgen, ähnlich wie bei den Kreplach, deren Füllungen man von außen auch nur ahnen kann.

Er macht ojs ihm krepelfleisch.
Er oder sie macht aus ihm oder ihr »Krepelfleisch«.
Mit anderen Worten: Jemanden zur Schnecke machen.

Jiddisches Sprichwort

KREPLACH MIT HACKFLEISCHFÜLLUNG
GEFÜLLTE TEIGTASCHEN

100 g Weizenmehl
1 Ei
1 Prise Salz
Wasser nach Bedarf

Für die Füllung:
1 kleine Zwiebel
1 EL Öl
125 g Rinderhack, möglichst mager
1/2 TL Salz
1/2 TL schwarzer Pfeffer

Das Ei in der Schüssel aufschlagen und salzen. Unter ständigem Rühren das Mehl hinzugeben, bis der Teig glatt und geschmeidig wird. Ist der Teig zu klebrig, Mehl, ist er zu trocken, etwas Wasser hinzugeben. Den Teig zudecken und ca. 20 Minuten ruhen lassen. In der Zwischenzeit die Füllung zubereiten. Dafür die Zwiebel kleinhacken. In einer Pfanne das Öl erhitzen und die Zwiebel anbraten. Auf kleiner Flamme 5 Minuten glasig werden lassen. Das Hackfleisch hinzufügen und unter ständigem Rühren mit einer Gabel zerteilen, das Fleisch darf keine Klumpen bilden. Mit Salz und Pfeffer würzen und weitere 5 Minuten anbraten, bis das Fleisch kroß ist. Beiseite stellen und abkühlen lassen.

Etwa ein Drittel des Teiges aus der Schüssel heben und mit einem Nudelholz auf einer bemehlten Unterlage so dünn wie möglich ausrollen. Mit einem Glas Kreise von etwa 7 cm Durchmesser ausstechen. Man kann auch Quadrate mit einer Seitenlänge von ca. 8 cm ausschneiden. In die Mitte des Teigstückes jeweils einen Teelöffel Füllung geben. Den Teig mittig über der Füllung zusammenklappen, so daß sich die Form eines Halbkreises oder Dreiecks ergibt. Die Finger anfeuchten und die Teigränder gut zusammendrücken, damit die Füllung nicht entweicht. Nun aus dem Teig einen Ring formen, indem die beiden spitzen Enden zusammengeführt und fest zusammengedrückt werden.

Kreplach in kochendes Salzwasser oder Hühnerbrühe geben und sobald sie an der Oberfläche auftauchen ca. 20 Minuten auf mittlerer Flamme ziehen lassen. Danach mit einer Schöpfkelle aus dem Wasser nehmen und gut abtropfen lassen.

Tip: Kreplach eignen sich wunderbar zur Verwertung von Fleischresten. Die gekochten Fleischreste durch den Fleischwolf drehen oder in der Küchenmaschine zerkleinern, mit Zwiebeln anbraten, salzen und pfeffern. Danach die abgekühlte Masse mit 2 Eßlöffeln feingehackter Petersilie in der Küchenmaschine zu einer glatten Farce verarbeiten.

VARIANTE: KREPLACH MIT HÜHNERLEBERFÜLLUNG

1 Rezept Kreplachteig s.o.

Für die Füllung:
1 kleine Zwiebel
1 EL Öl
125 g Hühnerleber
1 Ei
1/2 TL Salz
1/2 TL Pfeffer

Kreplachteig wie oben beschrieben zubereiten. Für die Füllung Zwiebel kleinschneiden. Öl in der Pfanne erhitzen, und die Zwiebeln kurz anbraten. Auf kleiner Flamme 5 Minuten glasig werden lassen. Hühnerleber dazugeben, kurz mitbraten und salzen. In einer Küchenmaschine oder im Fleischwolf zerkleinern und in einer Schüssel mit Ei und Pfeffer vermischen. Teelöffelweise auf die Teigstücke verteilen und wie oben beschrieben weiterverfahren. In kochendem Wasser oder in heißer Brühe garen.

Variante: Kreplach mit Kartoffel-Pilz-Füllung

1 Rezept Kreplachteig s.o.
Für die Füllung:
5 mittelgroße Kartoffeln
1 EL Öl
1 Zwiebel
30 g Pilze, vorzugsweise getrocknete Shiitake-Pilze
1/2 TL Salz
1/2 TL Pfeffer

Die getrockneten Pilze in warmem Wasser 10 Minuten einweichen, oder die frischen Pilze waschen und kleinschneiden. Kartoffeln waschen und in der Schale kochen. Zwiebel kleinhacken, im heißen Öl anbraten und 5 Minuten weiterdünsten, bis sie glasig sind. Die Pilze mit Küchenkrepp abtupfen, zu den Zwiebeln geben und kurz andünsten. Kartoffeln schälen und zerdrücken. Zwiebeln, Pilze und zerdrückte Kartoffeln vermengen. Mit Salz und Pfeffer würzen. Die Füllung teelöffelweise auf die Teigstücke geben und wie oben beschrieben weiterverfahren. In kochendem Salzwasser oder heißer Brühe garen.

Tip: Diese Kreplach schmecken auch sehr gut, wenn man sie nach dem Garen kurz in Öl oder Butter andünstet und als Beilage zu einem Hauptgericht serviert.

Variante: Gedünstete Käse-Kreplach

Kreplach mit Käsefüllung werden an Schawuot, dem Wochenfest, gegessen, das sieben Wochen nach Pessach gefeiert wird. Traditionellerweise gibt es an diesen Tagen Milch- und Käsegerichte aller Art.

1 Rezept Kreplachteig s.o.

Für die Käse-Füllung:
250 g Hüttenkäse
3 EL geriebener Cheddar Käse
1 Ei
1/2 TL Salz
1/2 TL Pfeffer
3 EL Butter
1/2 Töpfchen saure Sahne oder Joghurt
1/2 TL Paprika, edelsüß

Kreplachteig wie oben beschrieben zubereiten. Für die Füllung das Ei in der Schüssel aufschlagen, Käse hinzufügen, salzen und in der Küchenmaschine zu einer kompakten Masse verrühren. Die Füllung teelöffelweise auf die Teigstücke geben und die Kreplach im kochendem Wasser 15 Minuten ziehen lassen. Kreplach abtropfen lassen und mit Küchenpapier trockentupfen. Die Butter in der Pfanne erhitzen, einige Kreplach hineingeben, 3 Minuten auf jeder Seite goldgelb anbraten. Auf einen Teller legen und warm halten. Die restlichen Kreplach in kleinen Portionen in der restlichen Butter anbraten. Saure Sahne oder Joghurt über die Kreplach gießen und mit Paprika bestäuben. Warm servieren.

Wein ist ein besonderer Saft

»Wein erfreut des Menschen Herz« stellt die Bibel in Psalm 104 fest, und auch die jüdischen Gelehrten waren dem Wein keineswegs abgeneigt. Im Gegenteil: Sie waren der festen Überzeugung, Wein, in Maßen genossen, hält Leib und Seele zusammen und dient der Gesundheit. Im Talmud heißt es dazu: »An der Spitze aller Heilmittel stehe ich, Wein. An Orten wo kein Wein vorhanden ist, wird nach Arzneien verlangt.« (Talmud, BB 58b) Deshalb sprachen sie sich nach der Zerstörung des Zweiten Tempels von Jerusalem im Jahre 70 auch mehrheitlich dagegen aus, zum Zeichen der Trauer ein Genußverbot für Fleisch und Wein zu erlassen.

Sie befürchteten, ein entsprechendes Verbot strapaziere die Öffentlichkeit und wäre einfach nicht tragbar. Alles blieb beim Alten: Wein blieb Wein. Nur koscher mußte er sein.

Rebensaft gilt nach den jüdischen Religionsquellen nur dann als koscher, wenn seine Zubereitung nach bestimmten Regeln und unter Überwachung des »Maschgiach«, eines Aufsehers erfolgt. Die Traube selbst ist als Gewächs von Natur aus rein, lediglich bei Ernte, Lagerung und Fermentierung müssen bestimmte Vorschriften beachtet werden. Im Gesetzeskodex »Schulchan Aruch« aus dem 16. Jahrhundert sind die Bestimmungen festgelegt und in dieser Form für strenggläubige Juden bis heute gültig. Dementsprechend muß jedes Faß dreimal gesäubert werden, eine Regel, die trotz modernster Techniken weiterhin besteht. Ebenso unterliegt die Herstellung von Wein strengsten Kontrollen. Vor allem was die Materialbeschaffenheit von Gerätschaften in der Produktion angeht. Filter und notwendige Gärhilfen wie Hefe müssen den Vorschriften entsprechen. Geprüft werden müssen insbesondere mögliche Anteile tierischer Produkte, denn sie gelten als nicht-koscher. In Deutschland wird seit kurzem wieder Rot- und Weißwein unter rabbinischer Aufsicht produziert, der den strengen Vorschriften koscherer Weingewinnung entspricht.

Wein spielt in der jüdischen Tradition eine Doppelrolle: Zum einen ist er integraler Bestandteil des jüdischen Festtagsrituals. »Kiddusch«, der Segensspruch über den Wein, wird am Schabbat und an den Feiertagen gesprochen. An Pessach, dem Fest zum Angedenken des Auszuges der Juden aus Ägypten, müssen beim »Seder«, der Abendmahlzeit, vier Becher Wein getrunken werden; zwei Becher an Hochzeiten und ein Becher bei der Beschneidung eines Knaben.

Zum anderen wird Wein als Genußmittel ausdrücklich gebilligt. Nicht jedoch sein Mißbrauch.

An vielen Festtagen gelten für den Weinkonsum besondere Regeln: An Pessach zum Beispiel darf weder Gesäuertes noch Gegärtes konsumiert werden. Aus diesem Grund muß ein Pessach-Wein entsprechend »pessach-tauglich« sein. In der Regel ist koscherer Wein jedoch von Natur aus »koscher le Pessach«, bzw.

»koscher for passover«. Koscherer Wein erfüllt die Anforderungen für Pessach, wenn er den Koscher-Stempel trägt. Die meisten Hersteller von koscherem Wein benutzen natürliche Gärungsmittel, die der Traube eigen sind oder natürlicherweise in der Luft vorkommen.

Diese Gärungsmittel werden vom Traubenmost abgeschöpft, vermehrt und dem langsam gärenden Wein wieder zugesetzt, um den Gärungsprozeß zu beschleunigen.

Die Bestimmungen für den Umgang mit koscherem Wein sind drastisch: Wein, im Altertum von den Heiden für den Götzendienst verwendet, wurde als »yein nesech« bezeichnet und durfte, wie alles den Götzen Geweihte, nicht berührt werden. So sind und waren auch Konsum und Handel mit nicht-koscherem Wein nach dem Kodex streng verboten. Speisen oder Getränke, die mit diesem Wein in Berührung kommen, gelten als unrein und stehen somit auf dem Kodex.

Wein, der von Nichtjuden zum alltäglichen Zweck und nicht für den religiösen Bedarf produziert wird, heißt im Hebräischen »setam yeinam« (einfacher Wein). Auch die Berührung mit diesem Wein ist nach den religionsgesetzlichen Quellen untersagt, um eine mögliche Verwechslung mit geweihtem Wein, wie zum Beispiel Meßwein, zu verhindern. Das Verbot des gemeinsamen Weinverzehrs diente dem Zweck, gesellschaftliche Kontakte zwischen Juden und Nichtjuden zu verhindern und um mögliche Mischehen zu vermeiden.

Allein durch Berührung kann koscherer Wein »umkippen«, nimmt ein »Goi«, ein Nicht-Jude, das Öffnen der Flasche vor. Jedoch keine Regel ohne Ausnahme: Dieses Verbot trifft auf den sogenannten »Gekochten Wein«, »yein mevushal« nicht zu. Dieser hebräische Zusatz auf Etiketten koscherer Weine erlaubt die Berührung und Öffnung durch »fremde« Hände.

»Gekochter Wein«, in der Regel einfacher, lieblicher Dessertwein, darf auch von Nichtjuden geöffnet und kredenzt werden. Dieser Wein wird bei 85°C blitzpasteurisiert. In Frankreich existiert bis heute »gekochter Wein« – »vin cuit« als provenzalische Spezialität.

Die strengen Gesetze beim Weingenuß werden heute von den meisten Juden, mit Ausnahme der streng orthodoxen, nicht mehr eingehalten. In der modernen Gesellschaft sind diese Verbote im alltäglichen Kontakt in Vergessenheit geraten. Heute wird von vielen nur noch darauf geachtet, bei allen religiösen Zeremonien koschere Weine zu trinken.

Das Koschergebot für Wein betrifft alle Getränke, Säfte und Flüssigkeiten, die aus Trauben hergestellt werden. Auch Weinessig gehört dazu. Andere alkoholische Getränke wie Bier, Whisky oder Wodka, die aus Getreidebränden hergestellt werden, unterliegen nicht den Vorschriften. Sie sind von Haus aus koscher.

In Israel müssen beim Weinanbau bereits zahlreiche Bestimmungen eingehalten werden, die als biblische Vorschriften für Anbau und Ernte im Heiligen Land gelten. Dazu zählt auch das Gebot, das Land jedes siebte Jahr nicht zu bearbeiten, sondern brach liegen zu lassen. Bei einer Neuanpflanzung dürfen die Früchte die ersten drei Jahre nicht geerntet werden. Darüber hinaus werden Felder und Weinberge nicht gänzlich abgeerntet, damit Bedürftige in den Genuß der Früchte kommen.

Weinberge dürfen nicht umgepflügt und zwischen den Rebstöcken darf nichts gepflanzt werden. Somit gibt es klare Abgrenzungen zwischen Weinbergen und Plantagen, Feldern und Gemüsegärten. Diese Bestimmungen gibt es nur für das Heilige Land. Koschere Weinproduzenten in anderen Gegenden haben keinerlei Auflagen beim Einkauf junger Rebpflanzen.

Früher war koscherer Wein in der Regel süßer, roter Wein. Heute ist die Palette groß: koscheren Wein, ob weiß, rosé oder rot, trocken wie halbtrocken, gibt es nicht nur in Israel, sondern auf der ganzen Welt. Vom Hudson Valley in New York bis zu den Rothschildschen Weingütern des Château Lafitte in Frankreich, von Nappa Valley in Kalifornien bis zu den Virgin Hills bei Melbourne in Australien. Alle klassischen weinproduzierenden Länder Europas, wie Frankreich, Italien, Spanien, Österreich und Ungarn produzieren unter rabbinischer Aufsicht koscheren Wein. Deutschland produziert in Rheinhessen zum ersten Mal seit 65 Jahren koscheren Wein unter der Bezeichnung »Nagila«. Trotz aufwendiger Produktion erfreut diese Bereicherung nicht nur des Menschen Herz, sondern schont auch den Geldbeutel. Der neue Wein mit dem Koscher-Siegel schmeckt und ist erschwinglich.

KUCHEN & DESSERT

בלינצעס

Blintzes

Blintzes stammen ursprünglich aus Osteuropa. Die jiddische Bezeichnung bedeutet nichts anderes als Pfannkuchen. »Blintzes«, auch »Blini«, »Melinchkes« oder »Crêpes« genannt, gehören neben Gefillte Fisch und Bagels zu den Klassikern der jüdischen Küche auf der ganzen Welt. In den »Neun Tagen« vor dem Fasttag »Tischa Be'Aw«, dem 9. Aw im jüdischen Kalender, also den ersten Tagen des Monats Aw, ißt man traditionell nur »Milchiges« als Zeichen der Trauer über den zerstörten Tempel in Jerusalem. Mehlspeisen wie »Blintzes« haben an diesen Tagen Hochkonjunktur.

In den meisten jüdischen Familien wird auch an Schawuot etwas »Milchiges« gegessen. Dann werden die Pfannkuchen mit einer Füllung aus frischem Käse zubereitet. Früher haben viele jüdische Hausfrauen im Schtetl ihren Käse selbst zubereitet, und zwar eine Art Hüttenkäse mit leicht säuerlichem Geschmack. Viele Juden verbesserten ihren Lebensunterhalt mit dem Verkauf von Milch und Milchprodukten. Käsekuchen ist die Krönung dieses Festes. Blintzes gehören zum populären Festtagsschmaus der aschkenasischen Küchentradition. Die Pfannkuchen werden süß zubereitet, aber auch mit Kartoffeln, Butter und Quark gefüllt. Die sefardische Variante mit Käse, Spinat, Auberginen oder Hackfleischfüllung wird »Boreka« genannt.

In Griechenland und in der Türkei werden die Pfannkuchen an Schawuot mit Fetakäse gefüllt. In Marokko gibt man Minzeblättchen in die Frischkäsefüllung. Die berühmten Quarkblintzen lassen sich rasch zubereiten. Sie können als Vorspeise oder Hauptgericht serviert werden.

Ich habe alle Tage frischen Käse und Butter und Sahne, und alles ist mit eigenen Händen erarbeitet, denn wir arbeiten alle, und niemand sitzt müßig: Mein Weib, sie soll leben, melkt die Kühe, die Kinder schleppen die Milchkannen, machen Butter, und ich selbst, wie ihr mich da seht, fahre jeden Morgen auf den Markt hinaus, gehe durch Bojberik von einer Sommerwohnung zur anderen und komme auch manchmal mit Menschen zusammen, sogar mit den vornehmsten Herren aus Jehupez.

(Scholem Alejchem, Tewje, der Milchmann)

BLINTZES
GEFÜLLTE PFANNKUCHEN

375 ml Milch oder Wasser
75 g Mehl
2 EL Speiseöl
1/2 TL Salz
1/2 TL Zucker
3 große Eier

Füllung:
500 g Quark
2 Messerspitzen Zimt
Saft und Schale einer halben Zitrone (ungespritzt)
3 EL Puderzucker
50 g Rosinen

Alle Zutaten gut vermischen, am besten im Mixer, bis ein glatter Teig entsteht. Blintzes wie Pfannkuchen in einer beschichteten Pfanne ohne Fett ausbacken und warmstellen. Währenddessen Quark, Zucker, Rosinen und Gewürze gut vermischen und die Blintzes damit füllen. Einzeln zusammenrollen, in eine Gratinform schichten, mit Puderzucker bestäuben und kurz übergrillen. Sofort servieren!

Tip: Blintzes lassen sich auch mit frischen Früchten kombinieren. Sehr lecker schmecken dazu gezuckerte Erdbeeren.

לעקעך

Lekach

Lekach oder Honiglekach stammt aus Polen und heißt soviel wie Honigkuchen. Der Name leitet sich vom deutschen »Lebkuchen« ab. Wobei »Leb« nicht, wie man vermuten könnte, von »Leben« kommt, sondern eher von »Leb«, einer alten Bezeichnung für Honig. In ostjüdischen Familien ist es nach wie vor Tradition, einem Gast ein Stück vom hausgemachten Honigkuchen anzubieten. Lekach gibt es in zwei Versionen: als Honiglekach oder Zuckerlekach. Honiglekach kann man auf Vorrat backen, denn er entfaltet seinen vollen Geschmack erst nach einigen Tagen und hält sich wie Lebkuchen am besten in Blechdosen über Wochen frisch.

Jede Familie hat ihr eigenes wohlgehütetes Lekachrezept, das immer wieder abgewandelt wird. Honigkuchen ist ein »Muß« bei Familienfesten oder an Feiertagen wie Rosch Haschana. Im Alten Testament wird »Honig«, wobei Dattelhonig gemeint war, als begehrtes Genuß- und Kräftigungsmittel, als Kucheningredienz und Natursüße, als Geschenkartikel und Handelsware beschrieben. Dattelhonig löste in der Geschichte der Juden auch das biblische »Manna« ab. Um so größer die Freude über den Genuß echten und delikaten Bienenhonigs.

Geb mer lekech un rif mich nar.
Nenne mich einen Narren, aber gib mir Süßes.

Jiddisches Sprichwort

Iß Honig mein Sohn, denn er ist gut, und süß ist Honigseim für deinen Gaumen. So ist auch, wisse, die Weisheit für deine Seele.

(Sprüche 24:13-14)

LEKACH
HONIGKUCHEN

6 Eier
150 g Honig
150 g Zucker
10 EL Pflanzenöl
3 TL Nescafépulver
150 g Mehl
50 g grob gehackte Haselnüsse
50 g geriebene Haselnüsse
2 EL Backpulver

Eigelb und Zucker in einer Schüssel schaumig rühren. Nacheinander Mehl, grob gehackte und geriebene Haselnüsse, Backpulver, Öl, dünnflüssigen Honig und das in wenig Wasser aufgelöste Cafépulver zugeben und gut vermengen. Eiweiß zu steifem Schnee schlagen und unter die Masse ziehen. Eine Kastenform mit Öl einfetten und den Teig einfüllen. Den Honigkuchen bei mittlerer Hitze (190° C) etwa 1 Stunde backen. Auskühlen lassen und stürzen.

VARIANTE: FRANZÖSISCHER HONIGKUCHEN

6 Eier
150 g Kastanienhonig
150 g Zucker
10 EL Öl
3 TL Nescafépulver
250 g Mehl
1/2 Päckchen Backpulver

Eigelb und Zucker in einer Schüssel schaumig rühren. Honig, Mehl, Backpulver, eine Prise Zucker und das in wenig Wasser aufgelöste Cafépulver zugeben. Eiweiß zu steifem Schnee schlagen und unter die Masse ziehen. Eine Kastenform mit Öl einfetten und den Teig einfüllen. Den Kuchen bei guter Mittelhitze (190° C) in ca. 1 Stunde backen. Auskühlen lassen und stürzen.

המנטאשן

Hamantaschen

Im Hebräischen heißen die berühmten Hamantaschen eigentlich »Haman's Ohren« (»Osnej Haman«). In Frankreich werden sie »Oreilles d'Aman« oder »Oreillettes« genannt. Sefardische Juden nennen das Purimgebäck auch »Orejas de Aman« und formen kleine Ohren daraus. Purim ist ein Fest mit karnevalistischem Charakter, man verkleidet sich, veranstaltet Umzüge und Hauspartys. In der Synagoge wird die Geschichte der Rettung der Juden durch Esther gelesen, die der Überlieferung nach den König von Persien heiratete, um so den Vernichtungsplan des Höflings Haman zu vereiteln. Die Form des Festtagsgebäcks ist den dreieckigen Hüten der persischen Höflinge nachempfunden. Andere Quellen leiten den Namen des Gebäcks auch vom Jiddischen »Mahn« für Mohn ab, die Bezeichnung »Taschen« von Teigtaschen, da das Purimgebäck mit Mohn oder auch Pflaumen gefüllt ist. Die gute Füllung symbolisiert Gottes Wirken, das dem Menschen oft nicht ersichtlich ist.

Hamantaschen werden gebacken oder in heißem Öl frittiert und anschließend in Sirup getaucht. Zu den Geboten des Purimfestes gehört es, sich gegenseitig mit Backwaren, Obst und Getränken zu beschenken. Ein Brauch, der »Mischloach Manot« heißt.

HAMANTASCHEN

150 g weiche Butter
125 g Zucker
1 Ei
3 EL Milch oder Wasser
1 Beutel Bourbon-Vanillezucker
250 g Mehl
1 TL Backpulver

Für die Füllung:
300 g Mohnsamen, ganz oder gemahlen
125 ml Wasser
125 g Honig
60 g brauner Zucker

1/8 TL Salz
30 g geschälte Mandeln, gehackt
1 EL Zitronensaft
1/2 TL abgeriebene ungespritzte Zitronenschale
1 Ei

In einer großen Schüssel Butter schaumig rühren. Ei, Milch oder Wasser und Bourbon-Vanillezucker zugeben und alles glatt verrühren. Mehl und Backpulver mischen und vorsichtig mit der Buttermasse vermengen.

Den Teig auf eine dünn bemehlte Arbeitsfläche geben und gut verkneten, dann zur Kugel formen, flachdrücken und fest in transparente Folie einwickeln. Einige Stunden im Kühlschrank kühlen, bis die Masse fest ist.

Inzwischen die Füllung zubereiten. Mohnsamen, 125 ml Wasser, Honig, Zucker und Salz in einem mittelgroßen Topf bei geringer Hitze unter häufigem Umrühren aufkochen. Die Mischung sollte nach ca. 5 Minuten eine weiche, cremige Konsistenz haben. Von der Kochstelle nehmen und abkühlen lassen. Mandeln, Zitronensaft und abgeriebene Schale unterrühren.

Backofen auf 190° C vorheizen. 2 Backbleche dünn einfetten. Die Hälfte des gekühlten Teigs auf 3 mm ausrollen. Mit einem runden Gefäß Durchmesser 5 cm so viele Kreise wie möglich ausstechen. Die Teigränder mit Wasser bestreichen und in die Mitte jeweils 1 TL Mohnfüllung geben. Die Teigränder an drei Seiten nach oben ziehen, so daß Dreiecke entstehen. Die Ränder zusammendrücken und jeweils einen kleinen Spalt an den Seiten lassen. Die Teigdreiecke auf Blechen im Abstand von jeweils 2,5 cm verteilen. Das Ei verquirlen und die Dreiecke damit bestreichen. Im Ofen ca. 14–18 Minuten goldbraun backen. Auf einem Kuchengitter abkühlen lassen. Hamantaschen halten sich in einer Blechdose frisch.

Tip: Die kinderfreundlichste Version der Hamantaschen ist eine Füllung mit Nutella. Das Gebäck ist dann aber »milchig« und nicht mehr »parve«.

עוגת שוקולד

Brownies

Brownies verdanken ihren Ursprung dem ostjüdischen Schokoladenkuchen. Heute sind sie Klassiker der amerikanisch-jüdischen Küche. Zu den beliebtesten Geschmacksvarianten zählen Brownies mit Nüssen oder Rosinen, gefolgt von »Butterscotch« und »Banane«.

Im Gegensatz zum Schokoladenkuchen werden Brownies auf einem kleinen Blech gebacken und in Quadrate oder Rhomben geschnitten. Auch »Honiglekach«, der beliebte Honigkuchen, wird in beiden Versionen zubereitet.

Brownies, haben sich von Amerika aus rasch verbreitet und gehören wie »Bagels« oder »Gefillte Fisch« zu den modernen Klassikern der jüdischen Küche.

Die saftigen Schokoladenstücke schmecken als Nachtisch oder einfach zwischendurch zu Espresso und Cappuccino. Brownies lassen sich mit Wal- und Pekan-Nüssen, mit Mandeln, Rosinen oder Cashewkernen zubereiten. Man verwendet am besten dunkle Herrenschokolade oder eine Schokolade mit über 60 % Kakaoanteil.

BROWNIES

4 Eier
200 g Zucker
Mark einer Vanilleschote
150 g Mehl
2 TL Backpulver
125 g Öl
200 g dunkle Schokolade
50 g ganze Cashewkerne oder Pekan-Nüsse
1 Prise Salz

Eier und Zucker schaumig rühren. Vanillemark, dann nach und nach Mehl, Backpulver, Salz und Speiseöl zugeben. Die Schokolade im Wasserbad schmelzen, abkühlen lassen und die grob zerkleinerten Nüsse unterheben.

Ein Backblech (30x40 cm) mit Alufolie auslegen. Die Masse einfüllen und auf mittlerer Schiene bei 200° C 20–25 Minuten backen. Abkühlen lassen und in Quadrate schneiden.

Tip: Brownies müssen in der Mitte weich sein! Dabei hilft der Streichholztest: Klebt nach 15 Minuten kaum noch Teig am Hölzchen, sind die Brownies fünf Minuten später gut.

VARIANTE: BROWNIES MIT KARTOFFELMEHL

4 Eier
200 g dunkle Schokolade
200 g Zucker
Mark einer Vanilleschote
100 g Kartoffelmehl
50 g Cashewkerne oder Pekan-Nüsse
1 Prise Salz
100 g Speiseöl
1–2 EL Kakao
2 TL Backpulver

Wie oben beschrieben zubereiten und backen.

VARIANTE: SCHOKOLADEN-CAKE

6 Eier
150 g Zucker
100 g Puderzucker
200 g dunkle Schokolade
3 EL Maizena oder Kartoffelmehl
200 g geriebene Mandeln
250 g Margarine oder Butter
Öl für die Form

Eiweiß und Eigelb trennen und jeweils in eine Schüssel geben. Das Eiweiß mit einer Prise Salz zu steifem Schnee schlagen. Eigelb und Zucker schaumig rühren. Margarine oder Butter und Schokolade im Wasserbad schmelzen. Diese Mischung unter Rühren zur Eigelb-Zucker-Masse geben und gut vermischen. Geriebene Mandeln und Maizena oder Kartoffelmehl dazugeben. Alles gut vermischen und zum Schluß das steife Eiweiß vorsichtig unterheben. Den Teig in eine gut gefettete Cakeform geben und im vorgeheizten Ofen bei 200° C 35–45 Minuten backen.

Tip: Schokolade und Margarine können durch 150 g Mazzemehl oder Semmelbrösel und dem Saft einer Orange und einer Zitrone ersetzt werden. Dieser Cake schmeckt auch ohne Schokolade hervorragend.

מאנדלען-ברויט

Mandelbrot

Mandelbrot ist der jiddische Name für süßes Brot, das zu vielen Gelegenheiten gereicht wird. Nüsse und Mandeln sind von jeher traditionelle Beigaben für Kuchen und Gebäck. Sie werden ganz oder als Blättchen und Stifte, gehackt, gemahlen, geraspelt, geschält oder geröstet verwendet. Mandeln gehören in die Familie der Rosengewächse und sind mit dem Pfirsich verwandt. Sie gelten als die edelsten Baumnüsse. In China waren sie schon vor 3000 Jahren bekannt. Der Mandelbaum kann eine Höhe von bis zu neun Metern erreichen und wird seit Jahrhunderten im ganzen Mittelmeergebiet kultiviert. Außer in Südeuropa, Tunesien, Algerien, Marokko und Israel, werden Mandeln heute vor allem in Kalifornien geerntet.

In Israel zählt der Mandelbaum zu den ersten blühenden Fruchtbäumen und wird aus diesem Grund besonders gefeiert.

Die flachen Kerne werden im Schatten getrocknet, in Behälter verschlossen und kühl gelagert. Tiefgekühlt halten sich Mandeln jahrelang frisch. Mandeln haben unter den eßbaren Nüssen mit den höchsten Eiweiß- und Fettanteil. Süße Mandeln dominieren vor den bitteren, die Amygdalin enthalten, aus dem sich die giftige Blausäure abspaltet. Beim Backen und Kochen jedoch verflüchtigt sich die Blausäure.

Mandelbrot wird entweder als ganzer Laib oder aber, wie italienisches Mandelbrot, in Scheiben geschnitten und zweimal gebacken. Mandelbrotscheiben schmecken gut zu Kaffee und Tee oder werden, wie in Italien üblich, in ein Gläschen süßen Wein getunkt.

Haschkedija porachat, ha-schemesch pas sorachat
Zipporim al rosch kol gag bewasrot et bo hechag
Tu-B'schwat higija, chag la-ilanot
Tu-B'schwat higija, chag la-ilanot

Der Mandelbaum blüht, die Sonne scheint golden
Vögel auf der Spitze jedes Daches, verkünden das Kommen des Festes
Tu-B'schwat ist gekommen, ein Fest der Bäume
Tu-B'schwat ist gekommen, ein Fest der Bäume

(Israelisches Volkslied)

MANDELBROT

200 g Margarine
125 g Zucker
4 Eier
Mark einer Vanilleschote
6 EL Brandy
340 g Mehl
1 Päckchen Backpulver
1 TL Salz
90 g Rosinen
90 g (Haselnüsse, Walnüsse)
90 g abgezogene und geröstete Mandeln
Eigelb zum Bestreichen

Die weiche Margarine und Zucker schaumig rühren. In einer separaten Schüssel Eier kräftig vermischen und zur Margarine-Zucker-Masse geben. Vanillemark mit Brandy verrühren und ebenfalls dazugeben. Mehl, Backpulver, Salz und zum Schluß Rosinen, Nüsse und Mandeln untermischen. Drei längliche Brote daraus formen und auf ein bemehltes Backblech geben. Die einzelnen Brote mit Eigelb bestreichen und im vorgeheizten Backofen ca. 30 Minuten bei 180° C backen.

VARIANTE: ITALIENISCHES MANDELBROT

300 g Mehl
2 TL Backpulver
1/4 TL Salz
3 Eier
250 g Zucker
6 EL Speiseöl
abgeriebene Schale einer Zitrone
1 TL Zitronensaft
1/2 TL Mandelextrakt
125 g abgezogene ganze Mandeln

Eier und Zucker in einer Schüssel mit dem elektrischen Rührbesen cremig schlagen. Öl, Zitronenschale, Zitronensaft und Mandelextrakt unterziehen. Mehl, Salz und Backpulver mischen und die Mehlmischung langsam einrühren. Die Mandeln unterziehen und das Ganze zu einem glatten Teig verrühren. Den Teig mit bemehlten Händen auf eine Arbeitsplatte geben und leicht kneten. Teig halbieren und zwei lange, flache Brote von ca. 7,5 cm Breite und 2,75 cm Höhe formen. Beide Mandelbrote auf ein mit Backpapier ausgelegtes Backblech legen und im vorgeheizten Ofen bei 180° C ca. 35–40 Minuten goldbraun backen. Die Mandelbrote herausnehmen, abkühlen lassen und im noch warmen Zustand vorsichtig diagonal in 1,25 cm dicke Scheiben schneiden. Die Scheiben wieder aufs Backblech legen (evtl. portionsweise nacheinander) und weitere 6–7 Minuten backen, bis sie auf der Unterseite goldbraun sind. Scheiben umdrehen und den Backvorgang wiederholen. Auf einem Kuchengitter auskühlen lassen.

עוגת גבינה

Käsekuchen

Der beliebte Käsekuchen geht mit Sicherheit nicht auf ostjüdische Quellen zurück. Eher stammt er aus dem Wien der Kaiserzeit und wurde mit Topfen oder Schichtkäse gebacken, einem halbfesten Schnittquark aus roher Sauermilch.

Andere Quellen sehen im Käsekuchen einen Abkömmling der russischen Oster-Paschka, einem hohen, zylindrisch geformten Dessert aus selbstgemachtem Hüttenkäse, mit Eiern, Zucker, Sauerrahm, Butter und gehackten Nüssen. Der saftige Käsekuchen ist eine beliebte »milchige« Speise für Schawuot, das Wochenfest. Schawuot ist gleichzeitig ein Erntefest zu Ehren der »Erstlinge«, der ersten reifenden Früchte des Sommers. Milchige Gerichte zu essen gehört zu den Traditionen des Festes, in Anlehnung an den Bibelspruch: »Und er gab uns dieses Land, wo Milch und Honig fließen.« Zum Festessen gibt es überwiegend »milchige« Speisen, wie Blintzes, Kreplach mit Käsefüllung oder Käsequiche.

Das Fest fällt sieben Wochen nach Pessach in den europäischen Frühsommer, zwischen die Monate Mai/Juni, eine Zeit, in der es in Osteuropa stets viel frische Milch, Sauerrahm und frischen Käse gab. Damit ist der Käsekuchen zum Symbol dieses Festes geworden. Bis heute wird er in vielen Varianten zubereitet.

Jede Familie hat ihren Favoriten und feiert mit traditionellem Käsekuchen oder Quarkgebäck in unterschiedlicher Form. Zwei der Käsekuchenvarianten sind besonders köstlich. Die besten Käsekuchen stammen aus Österreich und Amerika.

Warum, ich kann eine halbe Stunde lang in meinen Träumen dem unsterblichen Geschmack jener dicken Käsekuchen nachhängen, die wir üblicherweise am Samstagabend hatten. Ich könnte das Rezept von meiner Mutter borgen, aber es wäre mir lieber, Sie würden mir aufs Wort glauben, wie ausgezeichnet die Polotzk-Käsekuchen waren... Die Käsekuchen in Polotzk, wie ich sie kenne, haben den Geschmack von Gänseblümchen und Klee, die im Tal gepflückt wurden, die Süße von Dvina-Wasser, den Reichtum neuaufgeschütteter Erde, die ich mit meinen bloßen Füßen und Händen geformt habe, die Reife roter Kirschen, die auf dem Markt gekauft wurden, die Düfte aller meiner Kindheitssommer.

(Mary Antin, The promised Land)

KÄSEKUCHEN

750 g Schichtkäse oder Magerquark
5 Eier
1 ungespritzte Zitrone
175 g Zucker
1 Prise Salz
2 Päckchen Bourbon-Vanillezucker
200 g Butter
80 g Weizengrieß
1 Päckchen Backpulver

Schichtkäse im Sieb abtropfen lassen. Handelsüblicher Magerquark, der ebenfalls verwendet werden kann, sollte im Leinentuch über Nacht abtropfen. Eier
aufschlagen, Eigelb und Eiweiß trennen. Zitronenschale abreiben und den Saft
auspressen. Schichtkäse oder Quark, Eigelb, Zitronensaft und abgeriebene Schale, ca. die Hälfte des Zuckers, Salz, Vanillezucker und die weiche Butter zu einer
festen Crème verrühren, am besten mit einem Handrührgerät. Weizengrieß mit
Backpulver vermischen und das Eiweiß mit dem restlichen Zucker steif schlagen.
Weizengrieß und geschlagenes Eiweiß vorsichtig unter die Quarkmasse heben.
Die Masse gut vermischen, ohne jedoch das Eiweiß zu verrühren. Boden und
Rand einer Springform (26 cm) gut fetten und mit Weizengrieß ausstreuen.
Quarkmasse einfüllen und die Oberfläche mit einem Messer glattstreichen.

Backofen vorheizen und den Käsekuchen auf der untersten Schiene bei 190°
C ca. 60–70 Minuten backen. Vorsichtshalber kurz vor Ende der Backzeit den
Streichholztest machen: Klebt kein feuchter Teig in der Kuchenmitte mehr am
Hölzchen, ist der Käsekuchen gar. Den Kuchen in der Form auskühlen lassen.

Tip: Braune Oberfläche des Käsekuchens mit Puderzucker bestreuen.

VARIANTE: KÄSEKUCHEN MIT SAUERRAHM

20 Vollkornkekse
1/2 TL Zimt
45 g Butter oder Pflanzenmargarine
750 g Frischkäse (Quark)
175 g Zucker
abgeriebene Schale einer Zitrone
1 Vanilleschote
3 Eier

Für den Sauerrahmguß:
250 g saure Sahne oder Schmand
2 EL Zucker
1 Päckchen Bourbon-Vanillezucker

Kekse zerbröseln und mit Zimt, Butter oder Margarine in einer mittelgroßen Schüssel mischen. Eine Springform (25 cm Durchmesser) leicht einfetten und die Keks-Butter-Masse auf dem Boden und 4 cm hoch am Rand der Form verteilen. Den Boden im vorgeheizten Backofen (220° C) 5 Minuten anbacken. In der Form auf einem Kuchengitter abkühlen lassen.

Frischkäse und Zucker mit dem Schneebesen oder einem elektrischen Handrührer glattrühren. Nach und nach geriebene Zitronenschale, Vanillemark und die Eier dazugeben. Alles gut vermischen. Die Füllung vorsichtig in die vorgebackene Form geben und bei 220° C solange backen (40–45 Minuten), bis der Rand fest und die Mitte weich ist. Der Kuchen sollte goldfarben sein. Backofen ausstellen und den Käsekuchen bei geschlossener Tür noch weitere 60 Minuten im Ofen lassen, so springt die Oberfläche nicht auf. Danach auf einem Kuchengitter auskühlen lassen.

In der Zwischenzeit den Guß zubereiten. Sauerrahm, Zucker und Bourbon-Vanillezucker in einer Schüssel verrühren. Vorsichtig auf den Käsekuchen geben und mit einem feuchten Messer glattstreichen. Nochmals 5 Minuten bei 220° C backen und auf einem Kuchengitter vollständig auskühlen lassen. In der Form über Nacht in den Kühlschrank stellen.

Zum Servieren Käsekuchen vorsichtig aus der Form lösen.

Tip: Dazu schmeckt eine Soße aus pürierten frischen Erdbeeren!

Einkaufsadressen

Pläzel
Passauerstrasse 4
D - 10789 Berlin
Tel/Fax: 030 21 77 506

Shalom
Wielandstrasse 43 (Hinterhof)
D - 10625 Berlin
Tel./Fax: 030 31 21 11 31

Aviv Lebensmittelhandels GmbH
Hanauer Landstraße 50
D - 60314 Frankfurt am Main
Tel.: 069 43 30 13
Fax: 069 44 80 64

Félix Baar
Schmidtstr. 43
D - 60326 Frankfurt am Main
Tel.: 069 73 31 81 / 069 78 85 00
Fax: 069 73 18 94
email: felix@felixbaar.de

Holly
Nussmannstrasse 14
D - 79098 Freiburg
Tel.: 0761 38 30 97
Fax: 0761 38 23 32

SH Almagor
Schäferkampsallee 29
D - 20357 Hamburg
Tel.: 040 44 46 64 / 040 44 21 61

Danel Feinkost
Pilgersheimerstr. 44
D - 81543 München
Tel.: 089 66 98 88
Fax: 089 66 98 20

Bäckerei Hörner
Kaulbachstr. 46
D - 80539 München
Tel.: 089 39 72 47

Wein: Fa. Lehmann
D - 14542 Phöben (Havel)
Tel.: 033 27 49 292, Fax: 033 27 73 01 37

Koscher-Laden
Hospitalstr. 36
D - 70174 Stuttgart
Tel.: 0711 22 83 648

Internetadressen

http://www.hagalil.com
Unter dieser Adresse gibt es koschere Restaurant- und Einkaufsadressen, Kashruth-Infos und jede Menge Informationen in deutscher Sprache.

http://www.empirekosher. com
Die größte amerikanische Hühnerfarm informiert über alles rund ums Huhn: neue Produkte, Rezepte und Koscherregeln in englischer Sprache.

http://www.Kashrut.com
Allgemeine Informationen für private und kommerzielle Verbraucher zu koscheren Nahrungsmitteln, Restaurants und Reiseinfos.

http://www.cyber-kitchen. com
Koschere Rezeptdatenbanken, Infos und Reisetips.

http://www. eskimo. com/~jefffree/recipes
Viele Rezepte in unterschiedlichen Variationen.

Glossar

Aramäisch antike semitische Sprache, Alltagssprache im Alten Orient.

Aschkenasim, aschkenasische Juden »aschkenas« ist die hebräische Bezeichnung für Deutschland. Damit gemeint sind Juden, die ursprünglich in Deutschland und Nordfrankreich lebten, dann nach Osteuropa, insbesondere nach Polen zogen. Meint heute die aus Mittel- und Osteuropa stammenden Juden.

Challa bezeichnet in der Umgangssprache den geflochtenen Brotzopf für das Festessen am Schabbat und an den Feiertagen. Bedeutet im religiösen Sinn die Teighebe, die Pflicht, ein Stückchen Teig beim Backen als symbolische Opfergabe zu verbrennen.

Jom Kippur höchster jüdischer Feiertag und strenger Fast- und Bußtag. Versöhnungstag zwischen Gott und den Menschen und zwischen Mensch und Mensch. Fällt in den Oktober.

Jüdischer Kalender die Monate werden nach dem Mond, die Jahre nach der Sonne berechnet. Das jüdische Jahr hat 12 Monate mit je 29 oder 30 Tagen. Die Monatsnamen sind Aramäisch.

Kabbala bedeutet Überlieferung und ist die Bezeichnung für jüdische Mystik und Geheimlehre seit dem 12. Jahrhundert.

Mazze (Pl.) Mazzot (hebr.) oder Mazzes (jidd.) ungesäuertes flaches Brot, das an Pessach gegessen wird.

Pessach Passah-fest, achttägiges Erinnerungsfest an den Auszug der Juden aus Ägypten. Zur Erinnerung an das ungesäuerte Brot der eilig aus Ägypten aufgebrochenen Juden darf nichts Gesäuertes oder Gegärtes gegessen werden. Eines der drei Wallfahrtsfeste, an denen man zum Tempel in Jerusalem pilgerte.

Pessach-Haggadah bezeichnet den liturgischen Text, den man zu Beginn des Pessachfestes, am Seder, liest. Dies geschieht während des gemeinschaftlichen Sedermahles. In der Haggadah wird der Auszug der Israeliten aus der pharaonischen Knechtschaft in Ägypten geschildert.

Purim Freudenfest mit karnevalsähnlichem Charakter in Erinnerung an die Errettung der Juden vor der Vernichtung durch den persischen Minister Haman. Fällt in den Februar.

Rosch Haschana Neujahrsfest, fällt in den September/Oktober.
Schabbat wöchentlicher Ruhetag, an dem jegliche Arbeit, auch Kochen, verboten ist. Beginnt Freitagabend nach Sonnenuntergang.

Schawuot Wochenfest, wird am 50. Tag nach Pessach gefeiert. Es ist das Fest der Gesetzesfreude, in Erinnerung an den Erhalt der 10 Gebote auf dem Berg Sinai; der Erstlinge, der ersten reifen Früchte, sowie das Fest der ersten Ernte.
Eines der drei Wallfahrtsfeste, an denen man zum Tempel in Jerusalem pilgerte.

Schulchan Aruch bedeutet auf hebräisch »gedeckter Tisch« und ist grundlegendes Sammelwerk talmudischer Religionsgesetze. Im 16. Jahrhundert wurde es vom Rabbiner Josef Caro in Safed als Kodex der sefardischen Praxis zusammengestellt. Rabbiner Moses Isserles in Krakau adaptierte es mit seinem Kommentar »Ha-Mappah« (die Tischdecke) für das aschkenasische Judentum.

Sefarden, (Sephardim), sefardische Juden Juden, die ursprünglich aus Spanien (auf hebräisch Sefarad) stammten und sich nach der Vertreibung 1492 im Vorderen Orient und in Nordafrika ansiedelten. Bezeichnet heute die nordafrikanischen und orientalischen Juden.

Sukkot achttägiges Laubhüttenfest. In Erinnerung daran, daß die Juden während der 40jährigen Wüstenwanderung in Hütten wohnten, ist der Aufenthalt in der Laubhütte (Sukka) vorgeschrieben. Eines der drei Wallfahrtsfeste, an denen man zum Tempel in Jerusalem pilgerte.

Talmud Kompendium der ursprünglich mündlich überlieferten Auslegung der biblischen Gebote. Wurde im 5. Jahrhundert u.Z. abgeschlossen und ist das Grundlagenwerk des jüdischen Religionsgesetzes.

Torah bedeutet auf hebäisch wörtlich die Lehre, die Unterweisung. Wird im engeren Sinne für die 5 Bücher Mose, im weiteren für das Religionsgesetz insgesamt verwandt.

Literaturverzeichnis

Die Heilige Schrift, Übers. von Leopold Zunz, Tel-Aviv / Stuttgart 1997

Der Babylonische Talmud, von Lazarus Goldschmidt, Haag 1933

Antin, Mary, The Promised Land, Boston 1911

Avnon, N., So eat, my darling, Steimatzky's Agency, Jerusalem, Tel-Aviv, Haifa 1977

Berger, Noemi, Das koschere Kochbuch, Stuttgart 1995

Bernstein, Ignaz, Jüdische Sprichwörter und Redensarten, Warschau 1908

Chiche-Yana, Martine: La Table Juive (2 Bde.), Aix-en-Provence 1994

Cooper, John, Eat and be satisfied. A Social History of Jewish Food. Northvale/New Jersey, London 1993

Danan, Simy/Denarnaud, Jacques.: La Nouvelle Cuisine Judéo-Marocaine, Paris 1994

Dumont, C'edric: Kulinarisches Lexikon, Bern, Stuttgart 1997

Ginzburg, Allen, in: Telling and Remembering. A Century of American Poetry, Ed. Steven J. Rubin, Boston 1997

Heine, Heinrich, Prinzessin Sabbat. Über Juden und Judentum. Hrsg. v. Paul Peters, Bodenheim 1997

Hommer, Sophie Charlotte, Küchen-Album. Ein Kochbuch für kleine und bürgerliche Hausstände mit besonderer Berücksichtigung ökonomischer Einrichtungen im Kochwesen nebst einer Übersicht der israelitischen Küche, Hamburg 1853

Jüdischer Frauenbund (Hrsg.). Kochbuch für den jüdischen Haushalt und Großbetrieb, Ausgabe B, Berlin, o.J.

Landmann, Salcia, Bittermandel und Rosinen, Frankfurt/M., Berlin 1988

Liebster, G.: Warenkunde, (2 Bde.), Düsseldorf 1995

Roden, Claudia, The Book of Jewish Food. An Odyssey from Samarkand to New York, New York, 1997

Scholem Alejchem, Quäle nie ein Tier in: Jiddische Erzählungen, Köln 1997

Scholem Alejchem, Tewje, der Milchmann. Aus dem Jiddischen von Alexander Eliasberg und Max Reich, Frankfurt/M. 1984

Singer, Israel J., Die Brüder Aschkenasi, München, 1991

Spice and Spirit. The complete kosher Jewish cookbook, publ. by Lubavitch Women's Cookbook Publications, Brooklyn, N.Y. 1996

Universal Lexikon der Kochkunst, (2 Bde.) Leipzig, 1890

Vinkovetzky, Aharan; Kovner, Abba; Leichter, Sinai; Anthology of yiddish folksongs, Vol. Two, Jerusalem 1985

Wirkowski, Eugeniusz, Küche der polnischen Juden, Warschau 1988.